ESSEN UND TRINKEN
IM KLEINKINDALTER

Ernährungswissenschafterin
Mag. Ingeborg Hanreich, IBCLC

4. überarbeitete Auflage

Verlag I. Hanreich

Wichtiger Hinweis:

Die Empfehlungen dieses Buches entsprechen den aktuellen ernährungswissenschaftlichen und medizinischen Kenntnissen bei Fertigstellung des Werkes. Es basiert auf den Empfehlungen des Forschungsinstitutes für Kinderernährung Dortmund, des AID und der deutschsprachigen Ernährungsgesellschaften sowie auf wissenschaftlichen Untersuchungen. Wissenschaft ist jedoch immer im Fluss! Dadurch kommt es zu abweichenden Meinungen einzelner Wissenschafter und Wissenschafterinnen. In Zweifelsfällen sprechen Sie bitte immer mit Ihrem Arzt oder einer Ernährungswissenschafterin.

Noch ein Hinweis:

Bitte haben Sie Verständnis dafür, dass aus Platzgründen im Text nur von Ihrem Arzt gesprochen wird und dabei gedanklich auch Ihre Ärztin einbezogen ist, während die Bezeichnungen Stillberaterinnen, Mütter- und Väterberaterinnen, Ernährungswissenschafterinnen, Diaetologinnen bzw. Diätassistentinnen und (für die Schweiz) diplomierte Ernährungsberaterinnen verwendet werden, ohne die männlichen Kollegen ausschließen zu wollen.

Text:	Mag. Ingeborg Hanreich, IBCLC
Grafik und Layout:	Gerlinde Cathrin Antolkovich
Fotos:	Karl Grabherr – www.karlgrabherr.at, Andrea Jungwirth – www.einfachgesagt.com
	emmi, evgenyb, imageit & Yasonya (www.fotolia.de)
Film und Druck:	Ueberreuter Print GmbH

4. überarbeitete Auflage 2008
© by Verlag Ingeborg Hanreich, Wien
ISBN 978-3-901518-09-6

Verlag und Direktvertrieb in Österreich: Mag. Ingeborg Hanreich
Esterhazygasse 7/2, A-1060 Wien | Tel.: (+43 1) 504 28 29-1 | Fax: (+43 1) 504 28 29-4
E-Mail: office@kinderkost.com | Internet: www.kinderkost.com

Vertrieb in Deutschland: Dipl. oec.troph. Ehrentraud Hansen
Maasbüllhof 1, D-24975 Maasbüll | Tel.: (+49 4634) 93 04 55 | Fax: (+49 4634) 17 25
E-Mail: ehrentraud.hansen@kinderkost.com | Internet: www.kinderkost.com

Vertrieb in der Schweiz: Sonja Schär, Mütter- und Väterberaterin
Lohstrasse 22, CH-8362 Balterswil, Tel.: (+41 71) 971 49 77 | Fax: (+41 71) 971 49 76
E-Mail: sonja.schaer@kinderkost.com | Internet: www.kinderkost.com

Für
Camilla,
Max und Thias,
Ricky,
Stoffi,
Tilli, Leela, Uma, Emilia, Alexander,
Lucca
und
alle Kinder dieser Welt

INHALT

9   **VORWORTE**
9   **LIEBE LESERINNEN UND LESER!**
9   **Mein Dank gilt allen ...**
10   Aus Babys werden kleine Leute ...
10   ... mit großen Ansprüchen ...
11   ... und mit eigenen Wünschen

13   **WAS IST DENN NUN „RICHTIGE ERNÄHRUNG"?**
13   Mit Qualität die Basis sichern!
14   Was und wie viel braucht mein Kind?
15   Die 6-5-4-3-2-1-Faustregel
17   Altersgemäße Lebensmittelverzehrmengen im Überblick
18   Instinkt, Werbung, Tradition und Vorbild
18   Die „Durststrecke zwischen 5 und 15"

21   **DIE EINZELNEN LEBENSMITTELGRUPPEN**
21   **Getränke löschen den Durst**
23   *Mineralwasser*
23   *Tee*
24   *Fruchtsaft*
24   *Gemüsesaft*
25   Kann Fruchtsaft die Obstportion ersetzen?
25   Sind Smoothies eine gute Alternative?
25   Hilfe, mein Kind trinkt kaum!
26   ... aber ich will doch, dass mein Kind „trocken bleibt"!
26   Soll ich zu den Mahlzeiten Getränke anbieten?
26   Sind selbst gemachte Fruchtdicksäfte besser?
27   Mein Kind liebt Limo, muss ich diese verbieten?
28   Sind Light-Limos bei rundlichen Kindern sinnvoll?
29   Ab wann darf ich meinem Kind Kinderkaffee geben?
29   Wir trinken gerne Eistee und Grüntee, ist das etwas für Kinder?
29   Schadet es, von alkoholischen Getränken probieren zu lassen?
30   Was halten Sie von Energydrinks für Kinder?
30   Ist (selbst gemachter) Kombucha für Kinder geeignet?

33   **Beilagen und Brot bilden die Basis auf dem Teller**
33   *Warme Beilagen*
34   *Brot*
35   Muss es immer Vollkorn sein?
36   Wie kann ich meiner Familie Vollkorn schmackhaft machen?

38   Vollkorn soll gar nicht so gesund sein, stimmt das?
38   Sind Getreidekeime in der Kinderkost geeignet?
39   Ist Müsli wirklich so gesund?
40   Sind Müsliriegel etc. ein gesunder Snack?
40   Wie gut sind Cornflakes und andere Cerealien?
40   Was soll ich tun, mein Kind liebt Pommes frites?

43   Gemüse – bunt und gesund
44   Was, wenn mein Kind Gemüse ablehnt?
47   Können Vitaminkonzentrate Obst und Gemüse ersetzen?
47   Brauchen Karotten (Möhren, Rüebli) immer Öl dazu?
48   Welches Gemüse soll ich im Winter wählen?
48   Sind Gemüsekonserven für mein Kind geeignet?
49   Wie erkenne ich bestrahltes Gemüse?
49   Kann ich meinem Kind Pilze geben?
49   Dürfen Pilze und Spinat wirklich nur einmal erwärmt werden?
50   Können denn blähende Hülsenfrüchte „gesund" sein?
51   Kann ich Sojasprossen und andere Keimlinge verwenden?

53   Obst – süß und vitaminreich
55   Wie kann ich meinem Kind Obst schmackhaft machen?
56   Zählen Kompott und Marmeladen als Obstportion?
56   Kann ich Trockenfrüchte anstelle von Obst anbieten?

59   Milchprodukte stärken die Knochen
59   *Frischmilch*
60   *Sauermilchprodukte*
61   Was muss ich beim Umstieg auf Kuhmilch beachten?
62   Wie gelingt der Umstieg auf Schaf- oder Ziegenmilch?
62   Braucht mein Kind eine spezielle Kleinkindermilch?
63   Muss ich auf Haltbarmilch verzichten?
63   Kann ich Rohmilch direkt vom Bauernhof verwenden?
64   Was tun, wenn mein Kind Milch ablehnt?
64   Ist Kakao besser als gar kein Milchgetränk?
64   Können Molkegetränke Milch ersetzen?
65   Mein Kind trinkt nur Milch, ist das zu viel?
66   Was bedeutet F.i.T. auf der Käsepackung?
66   Sind Schimmel-, Schmelz- oder Scheibenkäse geeignet?
67   Soll ich Joghurts mit rechtsdrehender Milchsäure kaufen?
67   Bifidusmilch und probiotische Joghurts, wozu sind die gut?

68 Ist Kefir für Kleinkinder geeignet?
68 Mein Kind hat eine Milchallergie!
68 Mein Kind verträgt keinen Milchzucker!
69 Laut TCM soll mein Kind keine Milch erhalten!
69 Fehlt meinem Kind ohne Milchprodukte Calcium?

71 Etwas Fleisch statt viel Wurst
72 Was, wenn mein Kind gar kein Fleisch mag?
74 Kann ich mein Kind vegetarisch ernähren?
75 Darf mein Kind Leber und andere Innereien essen?
76 Ist Gegrilltes für Kinder gefährlich?
76 Kann ich Huhn oder Truthahn bedenkenlos verwenden?

79 Regelmäßig Fisch – wichtig für die Gesundheit
80 Mein Kind mag nur Fischstäbchen ...
81 Sind Meeresfische stark mit Schadstoffen belastet?
81 Darf mein Kind schon Partybrötchen mit Meeresfrüchten essen?

83 Eier – wertvoll, aber selten
83 Was muss ich beim Einkauf von Eiern beachten?
83 Wie kann ich bei Speisen aus Eiern Salmonellen vermeiden?
84 Wie erkenne ich Lebensmittelvergiftungen?
84 *Campylobacter*
85 *Staphylococcus aureus*
85 *Salmonellen*

87 Nüsse, Öle, Streichfette – wenig, aber von guter Qualität
88 Was ist besser – Butter oder Margarine?
89 Kann ich kaltgepresste Öle verwenden?
90 Welches Fett ist zum Anbraten geeignet?
90 Sind Haselnüsse, Kürbiskerne oder Kokosflocken besser?
90 Kann ich für mein Kind Kernöl verwenden?
91 Sind Mohnkuchen und Hanfbrot unbedenklich?

93 Sparsam: Süßigkeiten und Knabbereien
94 Wie kann ich die Zähne meines Kindes schonen?
95 Sind spezielle Süßigkeiten für Kinder gesund?
96 Was soll ich tun, mein Kind hat immer Heißhunger auf Süßes?
96 Mein Kind sammelte Zuckerwürfel ...
97 Welche sind die wichtigsten Zuckerarten?

97   Was ist besser – Zucker oder Honig?
98   Ist Rohrzucker oder Vollzucker der bessere Zucker?
98   Ist Zucker wirklich ein Vitaminräuber?
99   Mein Kind ist zu dick, soll ich mit Süßstoff süßen?

101 **Gewürze – sparsam und möglichst frisch**
101 Erhält mein Kind ausreichend Jod?
102 Soll ich Meersalz verwenden?
103 Was, wenn mein Kind Ketchup zu allem isst?
103 Sojasauce, Senf und Mayonnaise

105 **MAHLZEIT, LIEBES!**
106 *Deckung des täglichen Energiebedarfs*
107 *Tagesleistungskurve*

108 **Das Frühstück – der Start in den Tag**
109 Mein Kind isst morgens nichts!
109 Mein Kind trinkt in der Früh noch die Flasche ...

110 **Das Pausenbrot für zwischendurch**
111 Auf die Verpackung kommt es an!
111 Essen und Trinken unterwegs

112 **Die Beilagen werden zur Hauptspeise**
112 Pizza, Schnitzel, Hamburger
114 Fast Food – Essen auf die Schnelle
116 Machen Sie einen Wochenplan!

119 **WAS TUN, WENN ...**
119 ... mein Kind nicht essen mag?
122 *Körpergröße und -gewicht in der Kindheit*
123 ... mein Kind zu dünn ist?
123 ... mein Kind zu dick ist?
127 ... mein Kind überaktiv ist?
128 ... mein Kind unter Verstopfung leidet?
129 ... mein Kind Durchfall hat bzw. erbricht?
131 ... mein Kind allergiegefährdet ist?

136 **ANHANG**
136 **NOTIZEN**

140 ABKÜRZUNGEN
141 WEITERFÜHRENDE LITERATUR
141 Allergie
141 Lebensmittel und Zubereitung
142 Säuglings- und Kleinkindernährung

143 ADRESSVERZEICHNIS
143 Buchbestellungen
143 Vereine, Verbände und Selbsthilfegruppen
143 Allergie
144 Biologische Lebensmittel – Information und Anbieter
145 Ernährungsinformationen für Mutter und Kind
146 Zahngesundheit
147 Vergiftungsnotruf

148 STICHWORTVERZEICHNIS
152 Unsere Partner
154 Informationskreis Kind und Ernährung (IKE)
155 Unsere Bücher
158 Lektorinnenportraits
159 Autorinnenportrait

LIEBE LESERINNEN UND LESER!

Mittlerweile liegt die überarbeitete und aktualisierte 4. Auflage dieses Buches vor Ihnen. Es hat Freude gemacht, die Anregungen unserer LeserInnen und Elternfragen vom Hotline-Telefon des Informationskreises Kind und Ernährung (☞ Seite 154) einfließen zu lassen. Und so hoffe ich, Ihnen ein hilfreiches und umfassendes Buch anbieten zu können.

Mag. Ingeborg Hanreich, IBCLC
Ernährungswissenschafterin und Stillberaterin

Mein Dank gilt allen ...

... Leserinnen und Lesern unserer Bücher, die mich in kleineren und größeren Abständen schriftlich oder telefonisch immer wieder daran erinnerten, dass die versprochene Fortsetzung des Handbuchs zur Säuglingsernährung dringend gebraucht wird.

... lieben Menschen, die mich immer wieder unterstützt und angespornt haben: Britta Macho, der „besten Mitstreiterin von allen" und kreativen Erfinderin unserer Rezepte, Elisabeth und Gerhard Illnar für das Lektorat, Karl Grabherr für die tollen Fotos, meinen Grafikern Gerlinde Cathrin Antolkovich und Mag. Karl Kriebel für ihre Warmherzigkeit und die grafische Verbesserung der Bücher, meiner rechten Hand, Gabi Macho für ihre wertvolle Unterstützung bei Recherchen und Lektorat sowie meinen Partnerinnen in der Schweiz und in Deutschland für den Vertrieb.

... meinen Freundinnen Gerlinde Härting, die mir nicht nur als Lektorin hilfreich zur Seite steht, und Regina Wemmert für das Lektorat aus bundesdeutscher Sicht.

... meiner Familie, v.a. meiner Nichte Lucca, dem Fotomodell, ihrer Mutter Ursula für die großartige Hilfe, Bernd Hagg, der wertvolle Impulse für das Konzept geliefert hat, meiner Schwester Lilly, sowie meiner Mutter Lotte Hanreich für ihre liebevolle Unterstützung und den Blick einer Autorin.

Viel Freude beim Lesen!

Ihre

Ingeborg Hanreich

Aus Babys werden kleine Leute ...

Säuglinge wachsen schneller als gedacht zu Kleinkindern heran. Noch liegt der erste Löffel Beikost nicht lange zurück, die Zähne sind gerade erst durchgebrochen und schon beginnt der Umstieg auf „Familienkost".
Wurde bisher Gläschenkost angeboten oder das Babymenü extra gekocht, so soll das Kind nun durch das Mitessen am Familientisch auch die Esskultur erlernen.

Damit sind Eltern jedoch sehr gefordert. Vielen ist bewusst, dass die eigene Ernährungsweise nicht optimal für Ihr Kind ist. Entweder haben sich falsche „moderne" Essensgewohnheiten eingeschlichen, man lebt primär von Fast Food und isst „aus dem Kühlschrank", oder die Ernährung basiert auf der traditionellen Hausmannskost, die zu fett, zu süß und zu salzig ist.

„Großmutters Küche" bietet nicht das, was der Körper eines Kindes an Energie braucht. Seit der Erfindung des Fernsehgerätes, des Computers und der Gameboy-Spiele verbrauchen viele Kinder zudem deutlich weniger Energie. Gleiches gilt für Erwachsene, deren körperliche Betätigung im Berufsalltag im Vergleich zu früher deutlich geringer geworden ist. Die Familienkost muss also „leichter und gesünder" werden, um alle gut zu versorgen!

... mit großen Ansprüchen ...

Für das optimale Wachstum braucht der Körper Ihres Kindes eine Vielzahl verschiedener Bauelemente und Energie. Beides holt er sich aus der Nahrung. Fehlen darin bestimmte Nährstoffe, Vitamine oder Mineralstoffe, dann kann es zu einer höheren Krankheitsanfälligkeit des Kindes oder zu Entwicklungsverzögerungen kommen. Eine ausgewogene Ernährung, die alles Notwendige enthält, sichert also gesundes Wachstum und das Wohlbefinden Ihres Kindes.

In unserer Wohlstandsgesellschaft besteht oft sichtlich eine Überversorgung mit Nahrung. Studien zeigen immer wieder, dass erschreckend viele Kinder schon im Kindergarten- und Schulalter Übergewicht oder einen hohen Cholesterinspiegel haben.
Trotzdem leiden einige Kinder am „Mangel im Überfluss", weil sie zwar viel, aber nicht das Richtige essen. Auf Grund der Einseitigkeit ihrer Ernährung fehlen ihnen wichtige Mineralstoffe (z. B. Calcium), Ballaststoffe und notwendige B-Vitamine.
Müdigkeit, Konzentrationsschwäche, Kopfschmerzen, Hyperaktivität oder etwa Heißhunger sind mögliche Folgen. Auch Karies ist oft schon im Kleinkindalter ein Problem.
Bringen Sie also das richtige Angebot an Nahrung auf den Tisch, damit Ihr Kind gut versorgt ist!

... und mit eigenen Wünschen

Kinder haben jedoch schon bald ihren eigenen Kopf. Es ist daher nicht angeraten, sie dazu zu zwingen, alles täglich in den „richtigen Mengen" zu essen. Halten Sie sich immer vor Augen, dass die angegebenen Richtwerte nur die Richtung anzeigen können. Empfehlungen sind für das „Durchschnittskind" gemacht, das in Wirklichkeit ja nicht existiert. Es ist daher nicht notwendig, jeden Tag genau abgewogene Mengen einzelner Lebensmittel zu essen, sondern es ist wichtig, das Verhältnis der Lebensmittelgruppen zueinander anhand der auf Seite 15 dargestellten 6–5–4–3–2–1-Faustregel im Auge zu behalten.

Jedes Kind ist anders und jedes Kind isst anders! Schließlich haben auch Erwachsene unterschiedliche Geschmäcker. Max und Thias, die Söhne meiner Kollegin Britta und „Haupttester" der Vorschläge aus unseren gemeinsamen Rezeptbüchern, sind ein gutes Beispiel dafür.
Mag der eine die Füllung der „pikanten Buchteln"(gebackene Hefeteigknödel), so isst der andere ausschließlich das Rundherum.
Der lebhafte Max verschlingt große Mengen, während der ruhigere Thias am liebsten wenig und eher langsam isst bzw. dazu tendiert, mit dem Essen zu spielen.

Sie können davon ausgehen, dass Ihr Kind in den ersten Lebensjahren instinktiv weiß, was es gerade braucht. Kleine Kinder haben noch ein inneres Wissen und spüren, was ihr Körper benötigt. Ist Ihr Kind sehr quirlig und bewegt sich viel, braucht es an manchen Tagen mehr Wasser und größere Mengen an Energie.

Bei Wachstumsschüben oder sonstigen Anforderungen kann es plötzlich riesige Portionen verschlingen, um anderntags wieder auf Sparflamme zu schalten, wenn vom Vortag noch Energiereserven vorhanden sind. Dies geschieht oft ein bisschen zeitlich verschoben, sodass für Eltern die Ursache nicht leicht nachvollziehbar ist.

Manchmal ist es erstaunlich, dass wochenlang eine Speise der absolute Favorit ist und diese dann unversehens völlig uninteressant wird. Das Durchlaufen solcher Phasen hängt damit zusammen, dass der eigene Geschmack erst einmal „gefunden" werden muss. Man hat festgestellt, dass Kinder eine Speise (ausgenommen Süßspeisen) 8-mal probieren, bevor diese von ihnen als bekannt und beliebt eingestuft wird.

Kinder ...
... essen mal viel mal wenig,
... entwickeln ihren Geschmack,
... durchlaufen Phasen.

WAS IST DENN NUN „RICHTIGE ERNÄHRUNG"?

Der Unterschied zwischen idealer Kinderkost und Erwachsenenkost besteht hauptsächlich in der anderen Portionsgröße und nicht in der Auswahl spezieller Kinderlebensmittel. Um Ihr Kind gut zu versorgen, müssen Sie also wie bei Ihrer eigenen Ernährung einzelne Lebensmittel von guter Qualität sinnvoll kombinieren.

Die gegenüberliegende Lebensmittelpyramide zeigt es deutlich – für die richtige Auswahl aus den Lebensmittelgruppen gilt vereinfacht: **Mindestens 2/3 der Nahrung sollen pflanzlich** sein und Milch und Milchprodukte von den tierischen Lebensmitteln den höchsten Stellenwert einnehmen. Im Wesentlichen bedeutet eine Umstellung zur richtigen Ernährung also folgende Umverteilung auf dem Teller:

- **Vermehrt Getreideprodukte, Obst, bunte Gemüsesorten und Hülsenfrüchte!** Gemeinsam mit Getränken bilden sie die Basis einer gesunden Ernährung. Ihr Kind darf reichlich davon essen.

- **Regelmäßig Milchprodukte und einmal wöchentlich Fisch!** Milchprodukte liefern Calcium, das den Knochenaufbau ermöglicht, und viele wichtige Mineralstoffe und Vitamine. Fisch enthält nicht nur hochwertiges Eiweiß, sondern auch Jod und andere wertvolle Mineralstoffe.

- **Mäßig Fleisch, Wurstwaren und Eier!** Fleisch und Eier helfen mit, die Muskelmasse aufzubauen, sollen aber nicht der Hauptbestandteil der Speisen sein.

- **Täglich kleine Mengen an pflanzlichem Öl bzw. Nüssen!** Fette sind kompakte Energieträger. Hochwertige Fettsäuren aus Öl und Nüssen werden jedoch zum Aufbau von Hormonen gebraucht. Wählen Sie unter anderem Walnüsse, Walnuss- oder Rapsöl, denn diese enthalten wichtige Omega-3-Fettsäuren, die z. B. bei der Gehirnentwicklung eine Rolle spielen. Sie sollen daher regelmäßig, aber nur in sehr kleinen Mengen bei der Zubereitung verwendet bzw. gegessen werden.

- **Selten fettreiche Gerichte und Süßspeisen!** Frittiertes oder Paniertes – egal ob Pommes, Schnitzel oder Fischstäbchen – soll max. einmal pro Woche angeboten werden. Treffen Sie bei Süßspeisen eine gute Wahl! Wenn die Ernährung insgesamt gut ausbalanciert ist, dürfen kleine Mengen Süßes durchaus geduldet werden.

Mit Qualität die Basis sichern!

Stimmt die Basis, also das Verhältnis der Lebensmittel zueinander, so ist die

Versorgung mit Nährstoffen, Vitaminen, Mineralstoffen und Ballaststoffen für die ganze Familie gesichert. Vitaminsäfte und Mineralstofftabletten sind dann in der Ernährung Ihres Kindes ebenso überflüssig wie spezielle Kinderprodukte mit „Gesundheitswirkung", die in der Regel teurer sind.

Das Geld ist besser angelegt, wenn Sie beim Einkauf der Grundnahrungsmittel auf Qualität achten. **Obst und Gemüse sollen möglichst frisch sein und der Saison entsprechen.**

Denn reif geerntete Früchte haben nicht nur den besten Geschmack, sondern enthalten auch die höchste Menge an Vitaminen.

Nach Möglichkeit sollten Sie Lebensmittel aus biologischer Landwirtschaft bevorzugen. Dies gilt vor allem für Milch und Milchprodukte, denn Milch ist ein heikles Lebensmittel. Rückstände aus Futtermitteln, Medikamenten und sogar Stallanstrichen können sich in Spuren wiederfinden. Wichtig ist BIO-Qualität auch für Produkte aus Vollkorngetreide, dessen Randschichten möglichst frei von Rückständen sein sollen.

Verfolgt man die Schlagzeilen der letzten Jahre in den Medien, dann rückt auch die Qualität von Fleisch und Fleischprodukten in den Mittelpunkt. Will man sichergehen, dass die Tiere mit natürlichen Futtermitteln ernährt wurden, dann muss man zu BIO-Fleisch greifen – es sei denn, man kennt den produzierenden Betrieb persönlich. Grundnahrungsmittel von hoher Qualität bilden insgesamt eine gute Basis für die Ernährung Ihres Kindes.

- *Auf Frische achten!*
- *Regional und saisonal einkaufen!*
- *BIO-Qualität bevorzugen!*

Was und wie viel braucht mein Kind?

Viele Eltern wollen am liebsten einen vorgegebenen Speiseplan zur Ernährung ihres Kindes, denn die Unsicherheit ist gerade beim Umstieg auf Familienkost häufig sehr groß.

Doch fixe Pläne lassen keinen Raum für individuelle Vorlieben und Familientraditionen. Außerdem sind sie nur für einen bestimmten Zeitraum anwendbar. Die folgenden Kapitel über die einzelnen Lebensmittelgruppen und die Elternfragen dazu sollen Ihnen ein Handwerkszeug zur qualitativen und quantitativen Auswahl bei der Zusammenstellung des Speiseplanes liefern.

Im Durchschnitt benötigt ein Kind pro Tag bis zum Ende des 4. Lebensjahres 1.050 kcal (4.550 kJ) und bis zum Ende des 7. Lebensjahres etwa 1.450 kcal (6.100 kJ) täglich.

Die im Überblick und in den einzelnen empfohlenen Lebensmittelgruppen angegebenen altersgemäßen Verzehrsmengen decken den benötigten Energiebedarf ab. Gleichzeitig stellen sie alle notwendigen Mineralstoffe, Spurenelemente und Vitamine bereit.

Die empfohlenen Mengen sind aber nur Richtwerte, die für ein „Durchschnittskind" berechnet sind. Wie viel Energie und somit Nahrung Ihr Kind tatsächlich benötigt, hängt jedoch sehr von seinem Bewegungsdrang ab. Ist das Kind quirlig, aktiv und ständig unterwegs, verbraucht es wesentlich mehr als bei ruhigem Spiel oder vor dem Fernsehgerät. Auch Wachstumsschübe haben großen Einfluss. Wie viel Ihr Kind essen mag, kann daher von Tag zu Tag erheblich schwanken. Wird gelegentlich deutlich mehr ge-

Grundsätzlich gilt: Wenn Ihr Kind gesund ist, sich wohlfühlt und der Kinderarzt mit Größe und Gewicht zufrieden ist, können Sie davon ausgehen, dass die Ernährung den individuellen Energie- und Nährstoffbedarf abdeckt. Bestehen auffällige Ernährungsgewohnheiten allerdings über mehrere Monate, dann sollten Sie einen Arzt oder eine Ernährungswissenschafterin oder Diätologin (Diätassistentin, in der Schweiz: diplomierte Ernährungsberaterin) zu Rate ziehen.

gessen, so führt das noch nicht zu Übergewicht. Ab und zu eine „kaum angerührte" Mahlzeit verursacht noch keine Mangelerscheinungen.

Die 6–5–4–3–2–1-Faustregel

Vorab noch ein Überblick über eine einfache Regel für die passenden Portionen und Portionsgrößen.

Bei der 6–5–4–3–2–1-Faustregel handelt es sich um eine Regel über die Anzahl an täglichen Portionen aus den einzelnen Lebensmittelgruppen, die in den folgenden Kapiteln (Seite 21ff) genauer behandelt werden.

Ein ausgewogener Tagesspeiseplan besteht aus:

6 **Portionen ungesüßter Getränke,**
davon darf eine Portion Obstsaft (ein halbes Glas) sein

5 **Portionen Beilagen**
wie Getreideflocken, Brot, Reis, gekochtem Maisgrieß (Polenta) oder Teigwaren

4 **Portionen Obst und Gemüse,**
etwa 50:50 verteilt

3 **Portionen Milch- und Milchprodukten**

2 **kleineren Portionen Fett –**
Streichfett, Öl oder Nüsse

1 **Portion Fleisch, Fisch oder Eiern**

Die jeweiligen Portionen sind dabei in der Regel etwa so groß wie der Handteller des betreffenden Kindes.
Obst und Gemüseportionen entsprechen der Menge, die in eine Kinderhand passt. Ist bei älteren Kindern die Hand größer, so ist auch der Bedarf höher.
Bei den kleineren Fettportionen handelt es sich jeweils um einen Teelöffel bis Esslöffel voll (je nach Alter).

Einen Überblick über die empfohlenen Mengen an Lebensmitteln im Alter von einem Jahr, von 2 – 3 Jahren und 4 – 6 Jahren finden Sie auf der Seite 17.
Wenn Sie dazu die ab Seite 21 folgenden Informationen und die Elternfragen zu den einzelnen Lebensmittelgruppen beachten, werden Sie gewiss die richtige Ernährungsweise für Ihr Kind finden!

Ist Ihr Kind allergiegefährdet, dann lesen Sie bitte vorab das Kapitel *„Was tun, wenn mein Kind allergiegefährdet ist"* (☞ Seite 131)! Hier erfahren Sie, worauf Sie im 2. Lebensjahr und beim Umstieg auf Kuhmilch noch achten sollen.

Wenn das alles (6–5–4–3–2–1) passt, darf es auch noch 1 Portion Süßes oder Knabbereien pro Tag sein, aber auch diese sollten in die Hand des jeweiligen Kindes passen. Beachten sie, dass süße Getränke ebenfalls zum Süßen gerechnet werden.

Der aid (☞ Adressverzeichnis) gibt die Reihenfolge der 6–5–4–3–2–1-Regel etwas anders an. Er stellt die Portion „Fleisch, Fisch oder Eier" neben die Milchprodukte, weil beide Gruppen tierische Lebensmittel sind. An der Spitze der Lebensmittelpyramide befinden sich dann Süßes und Knabbereien.

Für viele ist es leichter, die Mengen der einzelnen Lebensmittelgruppen mit Hilfe dieser handlichen Portionen abzuschätzen, anderen sagt eine konkrete Mengenangabe mehr zu. Beides ist in den folgenden Kapiteln vorzufinden.

Altersgemäße Lebensmittelverzehrmengen im Überblick

Die im Überblick aufgelisteten *empfohlenen Lebensmittel* decken etwa 90 % der benötigten Energie ab und stellen gleichzeitig alle notwendigen Mineralstoffe, Spurenelemente und Vitamine bereit. Der restliche Energiebedarf kann entweder durch 10 % mehr aus diesen Grundnahrungsmitteln oder aus der einen Portion (Handvoll) sogenannter *geduldeter Lebensmittel* gedeckt werden. Zu diesen zählen süße Getränke (Limos, Kakao), Süßigkeiten und Knabbereien.

Empfohlene Lebensmittel (≥ 90 % der Gesamtenergie)

Alter des Kindes	1 Jahr	2 – 3 Jahre	4 – 6 Jahre
Getränke (mind.)	600 ml/Tag	700 ml/Tag	800 ml/Tag
Brot bzw. Getreideflocken	80 g/Tag	120 g/Tag	170 g/Tag
Kartoffel*	80 g/Tag	100 g/Tag	130 g/Tag
Gemüse, Rohkost, Salat	120 g/Tag	150 g/Tag	200 g/Tag
Obst	120 g/Tag	150 g/Tag	200 g/Tag
Milch, Milchprodukte**	300 ml (g)/Tag	330 ml (g)/Tag	350 ml (g)/Tag
Fleisch, Wurst	30 g/Tag	35 g/Tag	40 g/Tag
Fisch	50 g/Woche	70 g/Woche	100 g/Woche
Eier	1 – 2 Stk./Woche	1 – 2 Stk./Woche	2 Stk./Woche
Öl, Margarine, Butter	15 g/Tag	20 g/Tag	25 g/Tag

* oder Nudeln, Reis u. a. Getreide
** 100 ml Milch entsprechen im Calciumgehalt ca. 15 g Schnittkäse oder 30 g Weichkäse

Geduldete Lebensmittel (≤ 10 % der Gesamtenergie)

Alter des Kindes	1 Jahr	2 – 3 Jahre	4 – 6 Jahre
Süsses, Knabbereien, Limos	90 kcal/Tag	110 kcal/Tag	140 kcal/Tag

Quelle: Forschungsinstitut für Kinderernährung, Dortmund

Instinkt, Werbung, Tradition und Vorbild

Je älter die Kinder werden, desto mehr beeinflussen Werbung und unsere eigenen Traditionen und Gewohnheiten ihre Essenswünsche. Diese Einflüsse von außen können den Instinkt überlagern. Schon bald zeigen sich die gleichen Ernährungsfehler wie bei den erwachsenen Vorbildern, denn Kinder ahmen ihre Eltern im Ernährungsverhalten nach und übernehmen spezielle Abneigungen und manchmal auch Vorlieben. Mag die Mutter keinen Fisch oder der Vater keine Äpfel, so ist die Wahrscheinlichkeit groß, dass das Kind Fisch bzw. Äpfel ablehnt.

Dabei achten Kinder weniger auf Ermahnungen oder Empfehlungen, sondern beobachten Mienenspiel, Gestik und Tonfall der Erwachsenen – sie durchblicken sehr rasch, was vor sich geht. Ihren wachsamen Augen entgeht nicht die kleinste Zwiespältigkeit. Ihr Kind wird beispielsweise am Ton Ihrer Stimme oder Ihrer Mimik merken, ob Sie die Ablehnung von Süßem wirklich ernst nehmen.

Ebenso schnell erkennen Kinder, wenn beide Eltern zu einem Thema unterschiedlicher Ansicht sind. Versucht beispielsweise die Mutter, Vollkornprodukte im Speiseplan zu etablieren, während der Vater diese „offensichtlich" ablehnt, so kommt das Kind in den Konflikt, sich zwischen den beiden Meinungen entscheiden zu müssen. Mitarbeit und Vorbildwirkung des Va-

ters wiegen deshalb schwer, weil er in den meisten Familien seltener zu Hause ist als die Mutter – seine Meinung wird daher intensiver wahrgenommen und zählt aus der Sicht der Kinder besonders stark. Speziell Buben orientieren sich gerne am Vater als Rollenvorbild. Mütter haben hingegen größeren „praktischen" Einfluss, weil meist sie für die Auswahl der Lebensmittel beim Einkauf oder bei der Wahl aus der Speisekarte verantwortlich sind.

Stimmen Sie geplante Änderungen im Ernährungsverhalten also nach Möglichkeit mit Ihrem Partner bzw. Ihrer Partnerin ab. Bewährt hat sich das gemeinsame Erstellen des Wochenspeiseplanes am Wochenende. Das erleichtert Ihnen auch den Einkauf. Ältere Kinder können dabei ebenfalls eingebunden werden und z. B. an einem Tag der Woche ihre Lieblingsspeise auf den Plan bringen. Dadurch wird die Akzeptanz des gesamten Speisenangebotes in der Regel stark erhöht. Neue Speisen werden besser akzeptiert, wenn Kinder bei der Zubereitung mithelfen können.

Die „Durststrecke zwischen 5 und 15"

In vielen Gesprächen zeigen sich Eltern frustriert, weil ihr Einfluss auf die 5- bis 15-jährigen Sprösslinge deutlich geringer wird. Immer mehr prägen Werbung, gleichaltrige Freunde oder Idole das Verhalten des Kindes. Vom Zaun gebrochene Machtkämpfe nützen hier wenig und sind oft sogar kontraproduktiv. Hier gilt es, den eigenen Einflussbereich abzugrenzen und sich bewusst zu werden, dass die Weichen, die man zuvor gestellt hat, nicht nur für die Kindheit, sondern auch für das spätere Leben maßgebend sind. Viele Wurzeln des Ernährungsverhaltens von Erwachsenen liegen in der frühen Kindheit, denn hier wird geprägt, was als „bekannt" gilt und vertraut ist.

Hat Ihr Kind Grünkern, Vollkornteigwaren oder Hirse bereits im Kleinkindalter kennengelernt, dann greift es in späteren Jahren eher dazu. Sind Obst und Gemüse selbstverständlicher Bestandteil auf dem Familientisch, dann werden sie wahrscheinlich auch später gewählt, selbst wenn Ihr Kind zwischenzeitlich einzelne Lebensmittel ablehnt.

Verzweifeln Sie also nicht, sollte Ihr Kind ab und zu in seinem Verhalten von den Vorstellungen, was gesunde Ernährung ist, abweichen. Nehmen Sie es möglichst gelassen, und geben Sie mit Ihrem Vorbild die richtige Richtung am Familientisch an!

KURZ

- *Bekanntes ist beliebt.*
- *Das Vorbild zählt!*
- *Beide Eltern prägen Vorlieben und Abneigungen.*

DIE EINZELNEN LEBENSMITTELGRUPPEN

Nachfolgend finden Sie die 7 Lebensmittelgruppen, die die Basis der Ernährung bilden, sowie Süßes und Gewürze. In den jeweiligen Kapiteln habe ich Elternfragen beantwortet, die uns am Hotline-Telefon des Informationskreises Kind und Ernährung (IKE) immer wieder gestellt worden sind.
Sollten noch Fragen offen bleiben, so können Sie sich an den IKE (☞ siehe Seite 154) wenden.

Eltern-Hotline
für Mitglieder des IKE

dienstags & donnerstags
9.00 bis 11.00 Uhr
(+43 1) 504 28 29-3

Näheres unter:
www.informationskreis.org

Getränke löschen den Durst

Der Körper eines Kleinkindes besteht zu über 2/3 aus Wasser, der eines Erwachsenen zu etwas mehr als der Hälfte. Wasser ist lebensnotwendig, es ermöglicht als Hauptbestandteil des Blutes die Versorgung der Zellen mit Baustoffen und Energie. Fehlt dem Körper Flüssigkeit, so bemüht sich die Niere, Wasser einzusparen.
Dadurch kann jedoch die Reinigung und Entgiftung des Blutes nicht mehr optimal funktionieren. Die auszuscheidenden Stoffe belasten die Niere, und Nierenprobleme im Alter sind die schmerzhafte Folge. **Erlauben Sie daher immer zu trinken!** Kinder sollen lernen, lieber ein Glas zu viel als zu wenig zu sich zu nehmen, auch wenn das

manchmal nasse Hosen bedeuten kann.
Als Ergänzung zur „festen" Nahrung und zur empfohlenen Menge an Milch und Milchprodukten, die wegen der enthaltenen Nährstoffe nicht zu den Getränken gezählt werden, bedeutet das idealerweise eine Trinkmenge von etwa einem Dreiviertelliter. Das sind verteilt auf alle Mahlzeiten und Zwischenmahlzeiten täglich 5 Tassen oder halbe Becher, Gläser bzw. Fläschchen (120 – 160 ml) mit Getränken. Zusätzlich zu diesen 5 kleinen Portionen darf es als 6. eine 100 ml Portion von 100%igem Obst- oder Gemüsesaft sein, die eine der ursprünglich 5 Obst- bzw. Gemüseportionen ersetzen.

Alter des Kindes	1 Jahr	2 – 3 Jahre	4 – 6 Jahre
Getränke	600 ml/Tag	700 ml/Tag	800 ml/Tag

Die meisten Kinder verlangen instinktiv nach Getränken, denn der Körper versucht Wassermangel zu verhindern und sendet als Signal das Durstgefühl, wenn der „Wasserspiegel" im Blut sinkt.

Leider funktioniert das nicht immer. Bei einigen Kindern ist das Durstgefühl nicht so gut ausgeprägt, oder sie vergessen zu trinken, weil sie mit voller Konzentration spielen. So manchem Kind wird der Durst erst beim Anblick der verlockenden Getränke bewusst. Stellen Sie daher Gläser und Krüge mit Getränken in Sichtweite des Kindes bereit! Erinnern Sie Ihr Kind immer wieder daran zu trinken und gehen Sie selbst – für das Kind offensichtlich – mit gutem Beispiel voran!

Bei sommerlicher Hitze bzw. vermehrter Bewegung benötigen Kinder eine Extraportion Flüssigkeit, evtl. sogar die doppelte Menge.

Wasser wird bei der Kühlung des Körpers verbraucht, weil es auf der Haut als Schweiß verdunstet. Im Verhältnis zum Körpergewicht haben Kinder eine größere Körperoberfläche als Erwachsene. Häufig werden Kinder auf dem Spielplatz oder unterwegs durstig. Denken Sie darum immer an eine „Wasserflasche" bzw. eine Thermosflasche mit geeigneten Getränken für unterwegs! Kommt es Kindern darauf an, unterwegs ein kleines „Saftpackerl" zu erhalten, so finden Sie Fruchtsaft – möglichst mit Wasser gemischt – in praktischer Verpackung bei den Fruchtsäften bzw. Getränken im Supermarkt.

Bei Fieber, Durchfall oder Erbrechen verliert der Körper größere Mengen Flüssigkeit, die dringend ersetzt werden müssen! Warmer Kräutertee oder Suppen helfen hier mit, den Flüssigkeitshaushalt wieder ins Lot zu bringen.

Als Durstlöscher sind Trinkwasser aus der Wasserleitung (sofern die Wasserqualität stimmt), **mildes, stilles Mineralwasser sowie ungesüßter Kräutertee bzw. milder Früchtetee bestens geeignet.**
Leitungswasser, das länger als 4 Stunden in der Leitung stand, soll aber nicht für Speisen oder Getränke von Kindern und Erwachsenen verwendet werden. Lassen Sie das Wasser laufen, bis es merklich kühler wird. Sie können das erste Wasser zum Blumengießen verwenden.

Verdünnte Obst- oder Gemüsesäfte und sehr verdünnter Fruchtsirup mit hohem Fruchtanteil sind ebenfalls empfehlenswerte Durstlöscher.

Sauermilch, Buttermilch, Joghurt, Milchmixgetränke und Molkegetränke können zwar getrunken werden, wird jedoch nicht zu den Getränken, sondern zur Lebensmittelgruppe der Milchprodukte gezählt.

Mineralwasser

Mineralwässer liefern verschiedene Spurenelemente und Mineralstoffe (z. B. Calcium, Magnesium), die unter anderem für den Aufbau der Knochen und Zähne wichtig sind. Kinder mögen nicht jede Sorte Mineralwasser, denn – abhängig von der Zusammensetzung – hat jedes Wasser einen anderen Geschmack.

Achten Sie beim Einkauf darauf, dass das Mineralwasser möglichst wenig Natrium und wenig Nitrat enthält. Die Marken sollen anderenfalls nach wenigen Wochen gewechselt werden, damit eine größere Ausgewogenheit an Mineralstoffen in den Getränken erreicht wird. Es gibt auch sehr calciumreiches Wasser, das gut geeignet ist, wenn Ihr Kind keine oder wenig Milchprodukte zu sich nimmt.

Manche Kinder vertragen die Kohlensäure in prickelndem Mineralwasser bzw. Sodawasser nicht. Das „Kribbeln" im Magen reizt ihre empfindlichen Magenschleimhäute und wird als unangenehm empfunden. In diesem Fall sollten Sie auf hochwertiges Leitungswasser, Tafelquellwasser oder stilles Mineralwasser ausweichen.

Tee

Ungesüßter Kräuter- oder Früchtetee löscht den Durst ebenfalls sehr gut.

Im Sommer können Sie morgens eine größere Menge Tee zubereiten und später kalt servieren! Manche Kinder verweigern ungesüßten Tee. Wenn Sie ihn hingegen mit max. 1/6 Fruchtsaft mischen, sodass er leicht süßlich wird, kann Tee zum Lieblingsgetränk werden. Bei solchen „Spezialmischungen" sind Ihrer Fantasie keine Grenzen gesetzt!

Hier ein paar Anregungen für milde Mischungen:

- **Zitronenmelissentee mit Apfelsaft (evtl. mit einer Prise Zimt)**

- **Hagebuttentee mit Orangensaft**

- **Waldbeerentee mit Ribiselsaft (Johannisbeersaft)**

Solche Mischungen sind als „Spezialmix für den kleinen Tiger" oder als „wahrlich phänomenaler Bärentrank" sehr beliebt.

Lassen Sie Kräutertee nur ca. 3 Minuten ziehen, da manche Sorten sonst bitter werden. Früchtetee können Sie hingegen länger ziehen lassen und dann nach Geschmack verdünnen.

Lassen Sie sich im Teehaus, in der Drogerie oder in einer Apotheke Ihre persönliche Spezialmischung – beispielsweise aus Hagebutten, getrockneten Apfelschalen, etwas Hibiskus oder Waldbeeren – mischen oder verwenden Sie einfache Teebeutel (z. B. Hagebuttentee mit Hibiskus).

23

Säure enthält, ist der Zuckeranteil sehr hoch, um die Säure auszugleichen. Sowohl Säure als auch Zucker gefährden die Zähne. Fruchtsirup – egal, ob gekauft oder selbst gemacht – soll deshalb sehr stark verdünnt bzw. mit mildem Tee gemischt werden, damit Sie Ihr Kind nicht zu sehr auf den Süßgeschmack prägen.

Fruchtsaft

Fruchtsaft ist als Getränk sehr beliebt und liefert wichtige Vitamine, besonders Vitamin C. Bei Obst-Essmuffeln kann 1 Glas Fruchtsaft eine Portion Obst ersetzen.

Doch soll Obstsaft weder unbeschränkt, noch unverdünnt angeboten werden. Denn auch 100%iger Saft enthält viel (Frucht)zucker. Erst durch eine Verdünnung mit Wasser, Mineralwasser oder Tee von mindestens 1:1 werden Obstsäfte zu Durstlöschern.

Achten Sie beim Einkaufen darauf, „Fruchtsaft" zu nehmen. Dieser ist ausschließlich aus frischen Früchten oder Fruchtkonzentraten hergestellt und darf (im Gegensatz zu Limonadegetränken) keine Farbstoffe, Konservierungsstoffe oder sonstige Zusätze enthalten. „Fruchtnektar" besteht nur etwa zur Hälfte aus Fruchtsaft oder Fruchtmark, der Rest ist Zuckerwasser.

Auch viele Dicksäfte enthalten nur bis zu 40 % Fruchtanteil und viel Zucker. Besonders bei Holunderblütensaft mit Zitronensäure und bei Ribiselsaft (Johannisbeersaft), der viel natürliche

Gemüsesaft

Gemüsesäfte sind kaum zuckerhaltig und liefern viele wichtige Vitamine und Mineralstoffe. Verdünnter Karottensaft (Möhrensaft) oder Tomatensaft ist nicht nur ein guter Durstlöscher, Gemüsesäfte erhöhen auch die Vielfalt an Mixgetränk-Variationen. Sie können – auch gemeinsam mit dem Kind – so manchen witzigen „Mama-Mix", „Benni-Blümchen-Shake", „Spezial-Gänsewein" oder „Dinosaurierdrink" erfinden.

Hier drei Anregungen:

- **Karottensaft – Orangensaft – Mineralwasser**

- **Tomatensaft – Zitrone – Wasser**

- **pürierte Gurke – Joghurt – Mineralwasser**

Für Kleinkinder sind Limonaden, Light-Limonaden, Brausegetränke, Colagetränke (koffeinhaltig!), Kaffee, Schwarztee, Eistee aus Schwarztee mit Fruchtaroma, Energydrinks, isotonische Getränke und jegliche Art von alkoholhaltigen Getränken nicht geeignet!

als im ganzen Obst, soll Obstsaft nur ab und zu die Obstportion ersetzen. Der Zuckeranteil bleibt hingegen im Obstsaft voll erhalten, weshalb selbst 100%iger Obstsaft als Durstlöscher immer mindestens 1:1 verdünnt werden soll.

Wenn Ihr Kind nur verdünnte Obstsäfte oder -mischungen trinkt, soll der Saftanteil maximal 1/6 ausmachen.

Kann Fruchtsaft die Obstportion ersetzen?

Wenn Kinder Obst gänzlich verweigern oder nur sehr ungern essen, kann etwa 1/8 l eines 100%igen Fruchtsafts eine kleine Obstportion ersetzen. Im Saft ist noch ein Teil der Mineralstoffe und natürlichen Vitamine zu finden. Bei der Herstellung von Fruchtsaft aus Konzentraten wird durch das Erhitzen und Eindicken das natürliche Vitamin C allerdings weitgehend zerstört.

Dem Obstsaft aus Saftkonzentraten wird deshalb meist Vitamin C (Ascorbinsäure) zugesetzt, manchmal mehr als natürlicherweise vorkommt, wodurch vielen Kindern der Geschmack dieser Säfte (wie bei Vitamin-C-Brause) zu sauer ist. Vereinzelt gibt es auch Unverträglichkeiten des „künstlichen" Vitamin C.

Wenn möglich, ist deshalb naturtrüben Obstsäften oder frisch gepressten Säften der Vorzug zu geben.

In naturtrüben Säften ist der Ballaststoffanteil höher. Da im Saft generell weniger Ballaststoffe enthalten sind

Sind Smoothies eine gute Alternative?

Smoothies (Ganzfruchtgetränke) werden aus Obst- oder Gemüsepüree (gemischt mit Saft bzw. Milchprodukten) hergestellt. Sie sind eine gute Alternative zu Obstsaft, wenn es gilt eine Obstportion zu ersetzen.

Beträgt der Anteil an Fruchtmark bzw. Gemüsepüree mehr als 50 % und ist weniger an konzentriertem Saft und keine Zuckerart zugesetzt, so können Smoothies bis zu 2 Obst- bzw Gemüseportionen abdecken.

Hilfe, mein Kind trinkt kaum!

Während manche Kinder durch die Konzentration auf ihr Spiel zu trinken vergessen, sind andere generell kaum zum Trinken zu bewegen.

„Was soll ich tun, wenn mein Kind kaum trinkt?", fragen viele Mütter.

Manche Kinder „wissen" nicht, wann sie Durst haben. Sie müssen immer wieder an das Trinken erinnert werden, am besten dadurch, dass die spezielle Tasse des Kindes gut sichtbar bereitsteht. Bieten Sie auch zwischendurch immer wieder kleine Schlucke Wasser an, damit Ihr Kind das Trinken lernt – und trinken Sie mit!

Manchmal hängt die Akzeptanz von der Art der Darreichung ab. Probieren Sie Lerntasse, Tasse oder Glas mit Strohhalm. Außerdem können Sie neue Getränkekombinationen erfinden. Beliebt sind neben Tee mit Fruchtsaft auch Sauermilch mit Fruchtmus und etwas prickelndem Mineralwasser.

Wenn Ihr Kind überhaupt nicht trinken mag, sollten Sie darauf achten, dass es über Suppen, Eintöpfe und Breie vermehrt Flüssigkeit aufnimmt. Bieten Sie evtl. zusätzlich eine Extraportion Gemüse bzw. Obst (z. B. Melonen) an, denn diese Lebensmittel enthalten viel Wasser. Sprechen Sie mit Ihrem Kinderarzt.

... aber ich will doch, dass mein Kind „trocken bleibt"!

Untersuchungen aus Dortmund zeigen, dass Eltern Kleinkindern im 3. bzw. 4. Lebensjahr aufgrund des Töpfchentrainings immer wieder Getränke verbieten. Außerdem versuchen viele ihr Kind zu schnellerem Essen zu bewegen und entziehen deshalb bei den Mahlzeiten die Getränke.

Beides stellt langfristig für das Kind einen großen Schaden dar, denn so wird die Entgiftung seines Körpers durch Niere und Darm sehr eingeschränkt.

Zudem werden auf diese Weise falsche Trinkgewohnheiten eingeprägt und das Kind wird daraufhin oft „trinkfaul". Nehmen Sie lieber eine lange Mahlzeit bzw. beim Abgewöhnen der Windel öfter nasse Kleider in Kauf!

Soll ich zu den Mahlzeiten Getränke anbieten?

Immer wieder sind Mütter unsicher, ob Getränke auch zu den Mahlzeiten gereicht werden dürfen.

Grundsätzlich soll zu jeder Mahlzeit getrunken werden, damit die empfohlene Menge an Flüssigkeit erreicht werden kann, vor allem von Kindern, bei denen das Essen ohne Getränk „nicht so recht rutschen will".

Hier ist ein kleines Glas Wasser, ungesüßter Tee oder stark verdünnter Fruchtsaft zur Mahlzeit die richtige Lösung.

Werden knapp vor dem Essen Milch, Saft oder gesüßte Getränke angeboten, verringern diese das Hungergefühl und „verderben" den Appetit!

Sind selbst gemachte Fruchtdicksäfte besser?

Dicksäfte (Sirupsorten) sind vergleichsweise billig, bei den Kindern beliebt und ersparen das schwere Tragen von Unmengen an Saftpackungen. Achten Sie beim Kauf darauf, dass Dicksäfte frei von Farbstoffen und Aromen sind, sonst sind sie als Getränk nicht besonders geeignet. Qualitätvolle Produkte zeichnen sich durch hohen Fruchtanteil aus. Ihnen ist – abhängig von der verwendeten Rezeptur – oft nur wenig Zucker zugesetzt, da der Fruchtsaft großtechnologisch schonend, stark konzentriert werden kann.

Bei allen Dicksäften – auch bei selbst gefertigtem Ribisel-, Kirsch- oder Hollersaft (Holunderblütensaft) – ist immer der hohe Zuckergehalt zu beachten und der Sirup ist dementsprechend zu verdünnen. Der Saft **soll daher nur schwach süßlich schmecken,** dann ist er als Kindergetränk geeignet.

Holunderblüten-, Pfefferminz- und Melissensirup werden meist mit Zitronensäure versetzt. In höheren Mengen kann diese bei empfindlichen Kindern Nierenschmerzen auslösen.
Beachten Sie daher, dass der Säureanteil im verdünnten Getränk gering ist!
Einsiedehilfe ist ein Konservierungsmittel, verzichten Sie nach Möglichkeit darauf!

Wird wenig Säure und keine Einsiedehilfe zugegeben, erhöht sich meistens der Anteil an Zucker, damit der Saft haltbar bleibt. Sie können die Zuckerzugabe sogar ganz vermeiden, wenn Sie Fruchtdicksaft (z. B. in Eiswürfelbehältern) tieffrieren. Beachten Sie jedoch bei der Wahl der Gefäße, dass sich der Saft beim Einfrieren stark ausdehnt.

Mein Kind liebt Limo, muss ich diese verbieten?

Limonaden bzw. Brausegetränke sind bei Kindern sehr beliebt. Sie sind bunt, süß, prickelnd und einfach „genial". Außerdem werden Limos überall in praktischer, ansprechender Kinderpackung (in aufdrehbaren Plastikflaschen, Kleinpackungen etc.) angeboten.

Leider erhalten Limonaden ihren Geschmack mittlerweile nicht mehr von den Limonen, sondern von zugesetzten Geschmacksstoffen (z. B. Fruchtsäuren), und die bunten, ansprechenden Farben kommen vorwiegend von künstlichen Farbstoffen. **Diese „Zusätze" sind für Kleinkinder nicht unumstritten** und die Vielzahl an Farb- und Geschmacksstoffen bekommt manchen empfindlichen Kindern nicht. Koffeinhaltige Colagetränke sind keinesfalls sinnvoll und sollen nicht nur im Kleinkindalter vermieden werden. **Sie können die Ursache für „hyperaktives" Verhalten bei Kindern sein.** Alles in allem sind Limonaden als Kindergetränk nicht empfehlenswert! Bevorzugen Sie verdünnte, 100%ige Fruchtsäfte, Tee oder Wasser!

Will Ihr Kind auf Limonaden nicht verzichten, so ist Verdünnen mit Mineralwasser eine kleine Verbesserung. Denn der Zuckeranteil von Limonadegetränken kann sogar bis zu 40 Stück Würfelzucker je Liter betragen! Durch diesen sehr hohen Zuckergehalt wird der Durst eher vergrößert als gelöscht!

Daher muss ein Glas Limonade auch zu den Süßigkeiten statt zu den Getränken gerechnet werden.

Immer wieder kommt es zu Vergiftungsunfällen bei Kleinkindern, weil Reinigungsmittel in Limoflaschen umgefüllt werden bzw. nicht kindersicher genug verstaut sind.
Und was ist für diese flinken Kleinen nicht alles erreichbar!

Belassen Sie daher Ungenießbares in Originalverpackungen mit Warenhinweis. Speichern Sie die Nummer des Giftnotrufs (☞ Adressverzeichnis) im Handy ein! Verschließen Sie Schränke mit Putzmitteln etc. kindersicher!
Lassen Sie im Fall des Falles nicht automatisch Milch oder Wasser nachtrinken, wie das häufig erzählt wird! Das ist besonders bei schäumenden Produkten (z. B. Geschirrspülmittel, Shampoo) sehr gefährlich!

Sind Light-Limos bei rundlichen Kindern sinnvoll?

Wenn Kinder zu Übergewicht neigen, stellt sich Eltern oft die Frage, ob Diät-Limonaden eine gute Alternative zu den begehrten Limos sind.

Jenen ist statt Zucker künstlicher Süßstoff – meist Acesulfam K oder Aspartam – zugesetzt. Zwar reduziert sich dadurch der Kaloriengehalt bedeutend und die bei uns zugelassenen Süßstoffe sind nach bisherigen Untersuchungen nicht gesundheitsschädlich, doch sind die Mengen in Light-Limonaden auf die Verträglichkeit von Erwachsenen zugeschnitten.

Muss Ihr Kind Übergewicht abbauen, so soll max. ein Glas Light-Limonade pro Tag getrunken werden. Wenn Ihr Kind größere Mengen davon trinkt und evtl. zusätzlich Vitamine, Magnesium oder Calcium in Form von Brausetabletten bekommt, die Süßstoff enthalten, wird allzu leicht die von der Weltgesundheitsorganisation festgelegte Höchstgrenze an Süßstoffen für Kleinkinder überschritten.

Abgesehen davon, sollten Sie auch wegen der Farb- und Geschmacksstoffe auf Limonaden verzichten und lieber zu verdünntem Obstsaft greifen.

Beachten sie auch, dass Mineralwasser mit Geschmack oft Süßstoff oder etwas Zucker enthält. Hier wie dort zählt die Menge.

Auch immer mehr Fruchtnektare werden statt mit Zucker mit dem Süßstoff Aspartam gesüßt. Laut Forschungsinstitut für Kinderernährung in Dortmund sollen Kleinkinder max. 1 Glas derartiger Fruchtnektare pro Tag trinken.

Ab wann darf ich meinem Kind Kinderkaffee geben?

Sich zum Kaffee zusammenzusetzen ist vielen Eltern und Großeltern eine lieb gewonnene Gewohnheit, an der sie auch die Kinder teilhaben lassen wollen.

Doch ist klar, dass Bohnenkaffee für Kinder generell nicht geeignet ist. Neben Koffein, das aufputschend wirkt, Schlafstörungen verursacht und das Kind hyperaktiv macht, enthält Bohnenkaffee auch unerwünschte Röstprodukte und Kaffeesäure. Diese würden das Verdauungssystem und die Niere Ihres Kindes belasten. Kaffee hemmt außerdem die Eisenaufnahme aus der Nahrung.

Als alternatives Milchgetränk zum Bohnenkaffee bietet sich da der sogenannte „Kinderkaffee" bzw. Malzkaffee an, der auch als Instantprodukt erhältlich ist. Der leicht bittere Geschmack wird manchmal gern gemocht. Der „Kinderkaffee" kann für Kinder ab dem 3. Lebensjahr in Maßen (max. 1 Tasse / Tag) verwendet werden.

Wir trinken gerne Eistee und Grüntee, ist das etwas für Kinder?

Schwarztee und Grüntee enthalten eine dem Koffein vergleichbare Substanz, **weshalb herkömmlicher Eistee** auf dieser Basis (auch mit Fruchtgeschmack Pfirsich, Zitrone oder Orange / Apfelsine) **kein Kindergetränk ist.** Fruchtaromen täuschen oft darüber hinweg, dass es sich um Schwarztee handelt. Beachten Sie das Etikett!

Generell ist Eistee sehr gesüßt. Wenn überhaupt, so soll nur Eistee auf Früchtetee- oder Kräuterteebasis angeboten und dieser unbedingt verdünnt werden. Sie können solchen aber auch einfach selber machen und gekühlt mit etwa 1/6 Fruchtsaft anbieten.

Bedenken Sie, eine der 6 Getränkeportionen darf ja Saft sein! Mit Eiswürfel, Fruchtdekor und Schirmchen wirkt er unwiderstehlich.

Schadet es, von alkoholischen Getränken probieren zu lassen?

Viele Kinder wollen immer gerne von allem kosten. Insbesondere die „verbotenen" Getränke der Erwachsenen locken mit Schaumkronen und leuchtenden Farben.

Doch **Alkoholika sind für Kinder gänzlich ungeeignet** und sollen auch in kleinen Mengen (z. B. in Speisen) vermieden werden.

Zwar haben geringe Mengen (z. B. ein bisschen Bierschaum) noch keine negativen Auswirkungen im Gehirn und bewirken noch keine Verminderung der Intelligenz, aber **mehrmaliges Kosten von Alkoholika oder von alkoholhaltigen Getränken** (auch Kefir bzw. Kombucha) **oder Süßspeisen** (Likörbonbons, Rumkugeln, Tiramisu, Faschingskrapfen mit Alkohol, Punschkrapfen) **kann das Kind auf den Geschmack kommen lassen.**

Besonders in Familien, in denen schon ein Alkoholproblem besteht, sollen auch kleine Mengen Alkohol (z. B. in Aromen) vermieden werden!

Durch die Vorprägung auf Alkoholika sinkt die Hemmschwelle, alkoholische Getränke im Schulalter frühzeitig selber zu probieren.

Da Kinder immer gerne das Gleiche wie Erwachsene haben wollen, können Sie statt Bier den ihm optisch ähnlichen, gespritzten Apfelsaft anbieten. Malzbier und „alkoholfreies" Bier sind hingegen keine Alternativen, da sie sehr wohl Alkohol in geringen Mengen enthalten. So gesund die Bezeichnung „Malzbier" klingen mag, es ist auch auf Grund des hohen Zuckergehaltes nicht empfehlenswert.

Roter Trauben- oder Beerensaft kann die mit Rotwein gefüllten Gläser der Eltern nachahmen. Doch als Durstlöscher eignet sich nach wie vor „Gänsewein" – also Wasser – am besten.

Was halten Sie von Energydrinks für Kinder?

Energydrinks für Erwachsene enthalten viel Koffein (eine Dose etwa so viel wie ein doppelter Espresso) und sind für Kinder keinesfalls geeignet.
Inzwischen entwickelte man auch Energyprodukte für Kinder (fast) ohne Koffein. Energydrinks trumpfen mit einer langen Liste an zugesetzten Vitaminen auf, das verstellt oft den Blick auf die Unmengen an Zucker und auf Farb- und Geschmacksstoffe.
Bei ausgewogener Nahrungsauswahl ist diese Extraration an Vitaminen und Mineralstoffen jedoch gänzlich unnötig.
Kinder werden durch diese Getränke zudem an den Geschmack der Powerdrinks gewöhnt, sodass der Umstieg zu koffeinreichen Energydrinks im späteren Alter vorprogrammiert wird.

Bieten Sie als Alternative lieber eine Molke-Fruchtsaft-Mischung oder ein Buttermilchgetränk als energiespendenden „Sportlerdrink" an!

Ist (selbst gemachter) Kombucha für Kinder geeignet?

Das japanische **„Teepilz"-Getränk Kombucha** wurde vor einigen Jahren für den heimischen Markt wiederentdeckt Viele Heilwirkungen werden ihm zugeschrieben. Abgesehen davon, dass diese wissenschaftlich bisher nicht belegt sind, zeigt schon ein Blick auf die Zubereitung des Getränks, dass dieses **für Ihr Kleinkind nicht geeignet ist.**

Ausgangsmaterial ist Schwarztee, der für Kinder auf Grund des enthaltenen Teeins (eines koffeinähnlichen Bestandteils) abgelehnt werden muss.

Der „Pilz", eigentlich eine Lebensgemeinschaft von Hefe und Milchsäurebakterien, verstoffwechselt den zugegebenen Zucker, wodurch der typische Geschmack entsteht.

Ähnlich wie bei Kefir entstehen bei diesem Vorgang durch die Hefen auch 0,5 – 2 Vol.-% Alkohol.

Anstatt Kleinkindern Kombucha zu servieren, können Sie eine geschmacklich ähnliche Mischung von Fruchttee, prickelndem Mineralwasser und etwas Himbeersaft anbieten. Diese sieht ähnlich aus und enthält überdies weder aufputschende Inhaltsstoffe noch Alkohol.

- *Täglich 6 Portionen Getränke zu je einem Glas!*
- *Geeignet: Wasser, Kräuter- und Früchtetee, verdünnter Saft, Smoothies*
- *Ungeeignet: Alkohol, Kaffee, Eistee, Schwarz-, Grün-, Matetee, Limonaden*

Beilagen und Brot
bilden die Basis auf dem Teller

Getreide, Nährmittel (Teigwaren, Reis) und Brot werden als „Beilagen" serviert, doch sie spielen als Grundnahrungsmittel vom Beikostalter an eine wichtige Rolle. Schon auf dem Speiseplan des älteren Säuglings stehen täglich mindestens 3 Breie bzw. Mahlzeiten, die Getreide oder Erdäpfel (Kartoffeln) enthalten. Diese „guten Essgewohnheiten" sollen im Kleinkindalter und darüber hinaus beibehalten werden.

Instinktiv erwählen Kleinkinder getreidereiche Speisen zu ihren Lieblingsgerichten. Ihre Vorliebe für Spaghetti oder „nackte Nudeln (Teigwaren)", Reis mit Tomatensauce, Maissalat und für Kartoffeln in allen Varianten steht in krassem Gegensatz zur Einstellung der Erwachsenen, die Getreidespeisen und Kartoffeln gerne zu Beilagen, also zu „Nebenlebensmitteln", degradieren.

Brot, Müsli, Kartoffeln und warme Getreidebeilagen versorgen den Körper vor allem mit Energie, da sie Stärke enthalten. Es ist wichtig, dass diese Lebensmittel gleichmäßig auf alle 3 Hauptmahlzeiten und eine Zwischenmahlzeit aufgeteilt werden, damit Ihr Kind nicht in ein „Energieloch" fällt und Heißhunger entwickelt.

Die verschiedenen Beilagen sollen zusammen mit Brot immer **etwa 1/3 dessen ausmachen, was auf den Teller kommt,** oder – in Portionen gerechnet – **5 handgroße Portionen ergeben.**

Getreide und Getreideprodukte bieten Ihrem Kind auch wichtige B-Vitamine, die für die Versorgung der Nerven und für die Konzentrationsfähigkeit notwendig sind.

Zudem enthält Getreide viele wertvolle Mineralstoffe, beispielsweise liefern Hafer und Hirse viel Eisen.

Warme Beilagen

Alter des Kindes	1 Jahr	2 – 3 Jahre	4 – 6 Jahre
Kartoffeln, Reis & Co	120 g/Tag	140 g/Tag	180 g/Tag

Die Angaben in der Tabelle (1 Portion) beziehen sich auf die bereits gekochten Beilagen.

Die Menge entspricht je nach Alter ca. **40 – 60 g roh gewogenen Beilagen bzw. etwa 1 – 3 mittleren Kartoffeln.**

Typische Beilagen sind gekochte oder im Rohr (Backofen) gebratene Kartoffeln, Folienkartoffeln, selbst gemachtes Kartoffelpüree, Pommes frites (die auch als Fettportion gerechnet werden müssen, ☞ Seite 40, 87), Reis, Teigwaren (Hörnchen, Fleckerln, Bandnudeln) und in der österreichischen Küche Nockerln und Semmelknödel.

Lagern Sie Kartoffeln immer im Dunkeln und vermeiden Sie für Kleinkinder solche, die grüne Stellen aufweisen!
Zwar geht das darin enthaltene Gift Solanin beim Kochen größteils in das Wasser über, aber Mengen, die beim Erwachsenen unbedenklich sind, können bei Kleinkindern Vergiftungen auslösen. Trotzdem sollten Sie die grünen Stellen auch für ältere Kinder und für Erwachsene möglichst entfernen.
Lassen Sie daher niemals zu, dass Kartoffeln roh gegessen werden! Die rohe Stärke aus den Knollen ist überdies unverdaulich.

In einigen Regionen wird Maisgrieß zu Polentagerichten, z. B. Sterz (fester, gekochter Maisgrieß), verarbeitet.

Doch die Vielzahl der Nährmittel wird damit nicht ausgeschöpft. Auch Grünkern und Dinkel, Buchweizen und Hirse können das Angebot erweitern.
Einige schnelle Rezepte dazu finden Sie in *„Pfiffige Rezepte für kleine und große Leute"* (☞ weiterführende Literatur).

Wenn Sie keinen Vollreis verwenden wollen, sollten Sie auf die Bezeichnung **„parboiled"** auf der Packung achten. Sie bedeutet, dass der weiße Reis mit Wasserdampf behandelt wird, sodass ein Teil der wasserlöslichen B-Vitamine ins Innere des Kornes gelangt, bevor die Randschichten entfernt werden. Reis wird nach Erkrankungen gerne als Aufbaunahrung eingesetzt, weil er leicht verdaubar ist. Er kann jedoch Verstopfung begünstigen.

Brot

Alter des Kindes	1 Jahr	2 – 3 Jahre	4 – 6 Jahre
Brot bzw. Getreideflocken	80 g/Tag	120 g/Tag	170 g/Tag

Eine Scheibe Vollkornbrot sollte etwa 40 – 50 g wiegen. Die Angaben in der Tabelle bedeuten je nach Alter eine Menge von 3 – 4 handflächengroßen Portionen – in Summe je nach Alter 2 – 4 Scheiben Brot.

Dies wird mit den Beilagen verteilt auf 3 Haupt- und 2 Zwischenmahlzeiten. Statt einer Scheibe Vollkornbrot kann man auch 3 Scheiben Vollkornknäckebrot oder 2 Scheiben Vollkorntoast anbieten. Kleinere Kinder vertragen dies oft besser als frisch gebackenes Vollkornbrot. Für die Frühstücksportion lässt sich **die Scheibe Vollkornbrot gegen 25 g Haferflocken (3 EL) oder ungesüßte Cornflakes austauschen.** Eine Portionsgröße umfasst im Alter von 2 – 3 Jahren dann etwa 40 g Frühstücksflocken (4 EL), mit 4 – 5 Jahren ergibt sie etwa 50 g (5 EL).

Gesüßte Frühstücks-Cerealien werden zu den Süßigkeiten gerechnet.

Ihrem Kind sollen Sie rohes Getreide oder rohe herkömmliche Müsliflocken (z. B. Haferflocken) frühestens ab dem Ende des 2. Lebensjahres anbieten, denn Getreide ist in roher Form schwer verdaulich.

Davor sind nur speziell für Babys oder Kinder hergestellte Produkte geeignet, die schon durch Hitze aufgeschlossen worden sind, oder gekochte Getreideflocken bzw. gekochtes, geschrotetes Getreide.

Außerdem sollen noch im 2. und 3. Lebensjahr ganze, bissfeste Getreidekörner (als Beilage, im Brot oder auf der Brotrinde) vermieden werden, da das Kind sich daran – ähnlich wie bei Nüssen – verschlucken kann!

Zumindest die Hälfte des Brotes und der Nährmittel soll aus fein vermahlenem Vollkorn bestehen, damit der Darm gereinigt wird und es nicht zu Verstopfung kommt. In Vollreis, Vollkornteigwaren (z. B. Vollkornnudeln), Maisgrieß, Grünkern, Buchweizen und Hirse sind die Randschicht und der Keimling des Kornes enthalten. Darin verbergen sich nicht nur die wichtigen Ballaststoffe, sondern auch Vitamine, speziell B-Vitamine. Vollkornmehl enthält außerdem 3-mal so viel Mineralstoffe wie glattes Weißmehl (Typ 405). Auf Grund des Ballaststoffgehaltes sättigen Vollkornprodukte auch länger anhaltend und somit gleichmäßiger als Produkte aus Weißmehl (Auszugsmehl).

Muss es immer Vollkorn sein?

Wesentlich ist, dass die Nahrung Ihres Kindes auf Getreideprodukten basiert. Haben Sie kein schlechtes Gewissen, wenn Sie Ihrem Kind ab und zu auch Weißmehlprodukte anbieten! Es gibt sogar Kinder, die im 1. und 2. Lebensjahr frisches Vollkornbrot noch nicht so gut vertragen und auf einzelne Produkte (abhängig von Rezeptur und Zubereitung) mit Blähungen reagieren.

Wenn **zumindest die Hälfte** der Getreideprodukte auf Vollkorn basiert (Vollkornteigwaren, Vollkorntoast, Roggenschrotbrot, Müsliflocken), dann darf es zwischendurch auch einmal ein Semmerl (Brötchen) sein. Wählen Sie aus den Weißmehlprodukten jedoch möglichst einfaches Weißbrot, denn Croissants und anderes Feingebäck enthalten Backzusätze und viel Fett (speziell die unerwünschten Transfettsäuren).

Wie kann ich meiner Familie Vollkorn schmackhaft machen?

Von der Erkenntnis, wie wichtig Ballaststoffe für die gesunde Verdauung sind, bis zur Umsetzung der Vollkornempfehlungen am Familientisch ist es oft ein weiter Weg. Häufig ist der Verzehr von weißen Teigwaren, Semmeln (Brötchen) und Striezel (Milchbrot) eine lieb gewonnene Gewohnheit der gesamten Familie.
Großeltern bzw Ehepartner entpuppen sich beim Versuch, neue Gerichte auf den Tisch zu bringen, oftmals als eingeschworene „Körndlgegner".

Probieren Sie den Umstieg in unauffälligen, kleinen Schritten. Kaufen Sie **Grahamweckerln (Kleiebrötchen) oder Grahambrot** statt Semmeln (Brötchen) oder Weißbrot. Diese sind vom Aussehen her ähnlich und enthalten mindestens 60 % Kleiemehl, also mehr Ballaststoffe als eine Semmel. Mehrkorntoast und diverse **Knäckebrote mit Vollkornanteil** sind ähnlich dem Grahambrot meistens Mischprodukte aus Weiß- und Vollkornmehl.

Ein in Österreich sehr beliebtes dunkles Stangengebäck ist der sogenannte Kornspitz. Doch dies ist in Wirklichkeit kein ballaststoffreicher „Vollkornspitz", sondern täuscht Vollkörnigkeit nur vor. So manches Gebäck verdankt seine dunkle Farbe nämlich dem enthaltenen Malzanteil.
Fragen Sie konkret nach Vollkornweckerln und Vollkornbrot und lesen Sie

gegebenenfalls genau, was auf dem Etikett steht!

Egal ob Striezel (Milchbrot), Buchteln (gebackene Hefeteigknödel), Knödel oder Palatschinken (Pfannkuchen) – alle Teige lassen sich mit fein gemahlenem Vollkornmehl oder aus einer, **Mischung zwischen Vollkorn- und Weißmehl** zubereiten. Sie können die Menge an Vollkornmehl schrittweise erhöhen und so Ihre Familie langsam auf den Geschmack bringen.

Geben Sie zu Teigen aus Vollkornmehl etwas mehr Flüssigkeit, damit diese locker und saftig werden. In Süßspeisen und Kuchen hat sich Dinkelvollmehl besonders bewährt.

Dinkel ist eine alte Weizensorte, die in den letzten Jahren durch das Aufleben der Hildegard-Medizin wieder beliebt geworden ist. Die Körner des Dinkels ähneln den Weizenkörnern, enthalten jedoch etwas mehr Mineralstoffe und Vitamine und schmecken nussartiger.

Teigwaren mit und ohne Saucen zählen zu den Lieblingsspeisen von Kindern. Unter gemahlenem Mohn, Tomaten- und Käsesauce bzw. im Auflauf lassen sich **Vollkornteigwaren** gut verstecken. Lassen Sie Vollkornteigwaren ein paar Minuten länger kochen und testen Sie immer, ob diese schon weich sind. Die Produkte verschiedener Hersteller unterscheiden sich nicht nur in der Kochdauer, sondern auch im Farbton. Probieren Sie verschiedene Marken aus! Sie erhalten im Reformladen auch (gelbe) **Hirseteigwaren,** die bei

Vollkornzubereitung:
Wenn Sie Vollkornprodukte (Teigwaren, Reis) als Beilage zubereiten, sollten Sie etwas längere Kochzeiten einplanen oder das Getreide (Grünkern, Hafer) vor dem Kochen mindestens 1 – 2 Stunden in kaltem Wasser quellen lassen.

Geben Sie bei Kuchenteigen aus Vollkorn ca. 1 – 2 EL Wasser mehr dazu, damit der Kuchen nicht zu trocken wird.

manchen Kindern beliebter sind als die „braunen" Vollkornteigwaren.

Die vorwiegend in Afrika und Indien angebaute Hirse liefert viele Mineralstoffe, speziell Silicium, das zur Stärkung von Haaren und Nägeln beiträgt. Hirse lässt sich gut für Süßspeisen (z. B. Auflauf bzw. Hirsepalatschinken / Hirsepfannkuchen) verwenden, sie sollte jedoch vor dem Kochen mehrfach heiß geschwemmt werden.

Palatschinken oder Sterz (gekochter, fester Grieß, der meist mit kalter Milch gegessen wird) gelingen mit **Buchweizenmehl** bzw. -grieß hervorragend.

Am beliebtesten und besonders geeignet für Süßspeisen und Erbsenreis („Risi-Pisi") ist **Vollkorn-Rundkornreis.** Als Alternative zu Vollkornreis können Sie als Beilage den nussartigen **Grünkern** (mit Lorbeer und Wacholder gekocht) servieren.

Auch **Emmer** (Urgetreide) oder Dinkelreis eignen sich gut. Bleibt davon etwas übrig, so kann man daraus gute Aufstriche oder Getreide-Gemüselaibchen (-bratlinge) zaubern.

Vollkorn soll gar nicht so gesund sein, stimmt das?

Vollkornprodukte werden langsamer verdaut als geschälte Getreideprodukte.
Dies ist auch der Grund, weshalb im 1. Lebensjahr nur spezielle, vorverarbeitete Säuglings-Vollkornprodukte empfohlen werden. Herkömmlicher Vollkorngrieß würde den Darm des Babys noch zu sehr belasten. Im Kleinkindalter spielen gut gekochte Vollkornprodukte jedoch eine wichtige Rolle.

In den Medien tauchen aber manchmal Meldungen über die Schadstoffbelastung von Vollkorngetreide auf.
Sicherlich, in den Randschichten des Getreidekornes können sich auch Rückstände von Spritz- und Düngemitteln sammeln. Aber gerade Vollkorngetreide stammt normalerweise „aus biologischem Anbau" und ist daher unbehandelt. Allerdings soll kein herkömmlich angebautes Vollkorngetreide verwendet werden, darauf ist vor allem beim Kauf von Vollkornbrot zu achten! Ein weiterer Kritikpunkt sind kleine Steinchen oder Fremdsamen (z. B. von Wicken oder Gräsern). Mit modernen Technologien werden Getreidekörner heutzutage gut aussortiert. Bei kleine-

ren Abfüllungen oder bei speziellen Sorten können jedoch manchmal Verunreinigungen zu finden sein. Lassen Sie daher das Getreide einmal über die Hand rieseln und entfernen Sie sorgfältig alle Fremdteile!

Getreide, das in feuchten Jahren geerntet wird, birgt die Gefahr von Verpilzung.
Speziell Roggen kann einen schwarz-violetten Pilz, der eine getreideähnliche Form besitzt und sehr giftig ist, das „Mutterkorn", enthalten.
Mutterkorn findet sich äußerst selten. Dennoch ist Vollkorngetreide immer optisch auf schwarze Körner und Fremdteile zu prüfen!

Sind Getreidekeime in der Kinderkost geeignet?

Der Keimling von Getreidekörnern verfügt über einen hohen Gehalt an wertvollen Fettsäuren und an Vitaminen. Deswegen können daraus **hochwertige Pflanzenöle** (Weizen- bzw. Maiskeimöl) gewonnen werden.
Außerdem aktiviert die Pflanze beim Keimen ihre Reserven an **Mineralstoffen** (z. B. Eisen) und macht sie so für unseren Körper **besonders leicht verfügbar**. Deshalb sind gekeimte Körner eine sehr gute Nahrung.

Die Körner werden in speziellen Keimgeräten zum Auskeimen gebracht. Sie müssen dabei laufend feucht gehalten werden, was den Nachteil hat, dass **Schimmelpilze** an diesem Klima besonderen Gefallen finden.

Die Geräte müssen aus diesem Grund immer wieder gründlich gereinigt werden. Tongefäße können, wenn sie gut getrocknet sind und nicht zerspringen können, im Backrohr kurzfristig stark erhitzt werden, damit Schimmelpilze keine Chance haben.

Bei der Herstellung gekeimter Körner ist Achtsamkeit geboten und die Keime sollen immer gekocht werden. Dann können sie Kindern durchaus angeboten werden.
Bei kleinen Kindern besteht aber auch die Gefahr, dass sie sich an einzelnen Körnern verschlucken. Zerkleinern Sie daher die Körner unbedingt!

Ist Müsli wirklich so gesund?

Müsli-Mischungen bestehen hauptsächlich aus Haferflocken. Von allen heimischen Getreidesorten besitzt Hafer den höchsten Eiweiß-, Fett- und Mineralstoffgehalt und wird deswegen von jeher als Aufbaunahrung nach Krankheiten eingesetzt.

Grobkörnige **Müsliflocken** müssen vor dem Genuss **mindestens eine Stunde in Wasser, Sauermilch oder Joghurt eingeweicht werden,** ansonsten können die harten Flocken an der Darmschleimhaut kratzen. Sie können die Flocken auch über Nacht im Kühlschrank einweichen, allerdings nur, wenn Sie das Gefäß mit Deckel oder Klarsichtfolie dicht verschließen. Anderenfalls besteht die Gefahr, dass Bakterien aus der Luft des Kühlschrankes ins Müsli gelangen und sich dort munter vermehren.

Hier ein Trick:
Wenn Sie Müsli nicht einweichen wollen und das Frühstück schneller auf dem Tisch stehen soll: Die Flocken quellen innerhalb von wenigen Minuten, wenn sie mit heißem Wasser oder warmer Milch übergossen werden.

Manche Kinder mögen den dabei entstehenden, breiartigen Geschmack. Dann können Sie Joghurt oder Apfelmus auch direkt aus dem Kühlschrank untermischen, ohne dass das Müsli für die Morgenmahlzeit zu kalt wird.

Bis Ende des 2. Lebensjahres sind herkömmliche Müsliflocken nur gekocht (z. B. als Haferflockenbrei) geeignet!

Sind Müsliriegel etc. ein gesunder Snack?

Oft werden (Müsli)riegel und die speziell für Kinder gefertigte „Schnitte mit der Milch" als gesunder Pausensnack beworben. Dies sind jedoch keine Pausenbrote und enthalten jede Menge Zucker. Daher werden sie nicht zu den Getreideportionen, sondern zu den Süßigkeiten gerechnet. Fettarme Müsliriegel sind jedoch innerhalb der Süßigkeiten empfehlenswerte Varianten.

Wie gut sind Cornflakes und andere Cerealien?

Eine bei Kindern beliebte, rasch zubereitete Frühstücksvariante sind Cornflakes mit Milch oder Joghurt.
Cornflakes werden aus Mais hergestellt und gelten deshalb als „gesunde" Kost. Einer genaueren Betrachtung hält das nur bedingt stand. Cornflakes enthalten kaum Ballaststoffe und sind üblicherweise sehr gesüßt. Sie können jedoch mit Milchprodukten und frischen Früchten der Saison serviert werden, sodass Ihr Kind zumindest diese wertvollen Lebensmittel isst.

Gesüßte Frühstücks-Cerealien werden zu den Süßigkeiten gerechnet. Nutzen Sie nach Möglichkeit **schwach gesüßte Flakes oder mischen Sie (zuckerfreie) Cornflakes oder Haferflocken unter die sehr zuckerreichen Produkte,** sodass (schrittweise) eine zuckerärmere Variante entsteht!

Vielleicht können Sie ja mit Ihrem Kind gemeinsam eine Spezialmischung „für kleine Hexen und Zauberer" austüfteln und auf Vorrat anfertigen. Diese sollte – wie alle Flakes – immer trocken gelagert werden, um knackig zu bleiben.

Als Alternative können Sie als Frühstück oder Zwischenmahlzeit zu Joghurt und frischen Früchten auch zerkleinertes Knäckebrot oder Reste an kaltem Reis vom Vortag servieren, (Knäckebrotmüsli aus unserem Buch *„Pfiffige Rezepte für kleine und große Leute",* ☞ weiterführende Literatur).

Was soll ich tun, mein Kind liebt Pommes frites?

Erdäpfel (Kartoffeln) zählen zu den stärkereichen Beilagen, obwohl sie vieles mit Gemüse gemeinsam haben. Sie enthalten viel Kalium und einen relativ hohen Anteil an Wasser, wodurch sie nicht so lange sättigen wie Getreidespeisen. Gebraten als Folienkartoffel oder im Auflauf sind sie sehr beliebt.

Als Pommes frites zählen sie zu den Lieblingsspeisen von Kindern, weil man sie bequem mit den Fingern essen kann und sie so knusprig sind. Pommes frites (aber auch Kroketten) enthalten jedoch ca. 15 %, also für eine Beilage viel Fett. Selbst Backofen-Pommes frites sind vor dem Abpacken in Fett geschwommen und daher nicht fettfrei.

Versuchen Sie statt Pommes frites einmal unseren „Erdäpfelkuchen vom Blech" aus dem Buch „Pfiffige Rezepte für kleine und große Leute", ☞ weiterführende Literatur. Oder Sie nehmen fingerdicke Kartoffelscheiben, die im Rohr (Backofen) fettfrei gebraten werden. Die Kartoffelscheiben eignen sich auch gut als Hauptgericht!

In der kalten Jahreszeit werden sie von Maronibratern gerne neben den beliebten gerösteten Esskastanien angeboten. Servieren Sie sie z. B. mit Joghurt-Curry-Sauce oder Kräutertopfen (-quark).

Achten Sie außerdem darauf nicht gleichzeitig an „Pommes-frites-Tagen" fettreiche, frittierte oder herausgebackene Speisen (Schnitzel, Fischstäbchen, Wurst) auf den Speiseplan zu setzen.

Sollten Sie Pommes frites selbst zubereiten, entfernen Sie bitte alle grünen Stellen von den Kartoffeln. In ihnen befindet sich der Giftstoff Solanin.

Dieser wird zwar durch ausreichendes Erhitzen zerstört, soll jedoch schon zuvor reduziert werden.

KURZ

- *Täglich 5 Portionen Beilagen oder Brot zu je einer Handvoll!*
- *Mindestens 50 % Vollkorn!*
- *Vielfalt statt Einseitigkeit: Hirse, Maisgrieß, Buchweizen, Haferflocken, … !*

Gemüse – bunt und gesund

Kinder wissen schon bald, dass Gemüse „gesund" ist, obwohl sie sich vielfach nichts Genaues darunter vorstellen können.

Den „gesunden" Ruf verdankt das Gemüse den Vitaminen, vor allem dem Vitamin C und dem Beta-Carotin, einer Vorstufe des Vitamin A, das die Sehkraft fördert. Vitamin C stärkt die Abwehrkraft des Körpers und gilt als Krebsschutzfaktor.

Vitamine sind ziemlich empfindsame „Geschöpfe". Sie werden durch Hitze, Licht oder Luftsauerstoff angegriffen und zerstört. Speziell die wasserlöslichen Vitamine – wie z. B. Vitamin B und Vitamin C – sind instabil und im Körper nicht in großen Mengen speicherbar. Für die Vitaminversorgung Ihres Kindes ist es deshalb wichtig, dass täglich etwa die Hälfte des Gemüses roh als Brotbelag, als Rohkost oder als Salat gegessen wird.

Insgesamt machen 2 – 3 Portionen (Handvoll) Gemüse eine ideale Mindestmenge aus. Das entspricht:

Alter des Kindes	1 Jahr	2 – 3 Jahre	4 – 6 Jahre
Gemüse, Rohkost, Salat	120 g/Tag	150 g/Tag	200 g/Tag

Gemüse bietet uns auch eine Reihe von Mineralstoffen, die im Gegensatz zu den Vitaminen gegen Hitze und Sauerstoff unempfindlich sind. Beim Kochen geht jedoch ein großer Anteil der wasserlöslichen Mineralstoffe ins Kochwasser über. **Verwenden Sie doch einfach das Kochwasser als Suppenbasis oder Breibestandteil.**

Ausnahmen sind Hülsenfrüchte, deren Kochwasser auch einen Großteil der blähenden Stoffe enthält, und Blattspinat, bei dem sich mit dem Blanchierwasser 70 % des Nitrats „entsorgen" lassen.

Als Mineralstoff findet sich im Gemüse insbesondere Kalium, das eine wichtige Funktion für den Wasserhaushalt des Körpers besitzt. In allen Laucharten (Zwiebeln, Porree / Lauch, Knoblauch) ist Schwefel enthalten, der nicht nur Tränen in die Augen treiben kann, sondern in den Gelenken als Bestandteil der Knorpelmasse benötigt wird und Krebsschutzwirkung hat.

Verhindern Sie, dass Ihr Kind rohe Bohnen – egal ob grün (Fisolen) oder ausgereift – isst. Diese enthalten Stoffwechselhemmstoffe und Giftstoffe, die erst durch Kochen zerstört werden.

Gemüse besteht vorwiegend aus Wasser, sodass es kalorienarm ist und man es als **„Light-Produkt der Natur"** bezeichnen könnte. Speziell wenn beim Kind die Veranlagung zu Übergewicht besteht, ist es sinnvoll, Gemüse zu schmackhaften, magenfüllenden Gerichten zu verarbeiten. Vor allem die als Salat beliebte Schwarzwurzel und das süßliche Knollengemüse Topinambur verfügen zusätzlich über eine größere Menge an lange sättigenden Ballaststoffen.

Achten Sie dabei auf eine fettarme Zubereitung ohne Rahm (Sahne), Mayonnaise oder Käse! Sollten Sie diese drei Zutaten doch verwenden wollen, müssen die ersten beiden zu den täglichen Fettportionen und Käse zu den Milchportionen hinzugerechnet werden.

Darüber hinaus bieten Gemüse und Obst spezielle Schutzstoffe, die auch als „bioaktive Substanzen" oder „sekundäre Pflanzeninhaltsstoffe" bezeichnet werden. Dies sind Tausende von natürlichen Farb-, Geschmacks- und sonstigen Wirkstoffen, deren Funktionen und Schutzwirkungen gerade erst erforscht werden.

Insgesamt zeigt sich durch die Entdeckung dieser Schutzstoffe nur umso deutlicher, dass pflanzliche Lebensmittel gesundheitsfördernd sind.

Deshalb versuchen viele Eltern, diese Botschaft an ihre Kinder weiterzugeben und sie dazu zu bewegen, ihre Gemüseportion brav zu essen. Doch für Kleinkinder ist nicht nachvollziehbar, was „gesund" an einem Lebensmittel bedeuten soll. So meinte ein kleiner Junge einmal: *„Ich habe eine ganze Tafel ungesunder Schokolade gegessen und bin nicht krank geworden!"* Nur in seltenen Fällen (z. B. bei einer Lebensmittelvergiftung oder bei einer Allergie) spürt man den Zusammenhang mit der Lebensmittelqualität direkt.

Vergessen Sie daher in Ihrer Argumentation die „innere Qualität" von Gemüse, und bringen Sie Gemüse, Salat und Rohkost nicht unter dem Schlagwort „gesund", sondern wegen der **Vielfalt an Farben, Geschmacksnuancen und Formen auf den Tisch!**

Was, wenn mein Kind Gemüse ablehnt?

„Was soll ich nur tun?", fragen viele Eltern, deren Kind sich als standhafter „Gemüse-Essmuffel" entpuppt.

Da werden die Erbsen aus dem Gemüsereis geklaubt, die Karotten (Möhren, Rüebli) aus der Suppe gefischt, der Teller mit Salat weggeschoben – und dies alles zum Leidwesen derer, die gekocht und sich extra viel Mühe gegeben haben, um „Gesundheit" auf den Teller zu zaubern.

• **Geben Sie nicht beim ersten Versuch auf, wenn Sie ein neues Gemüsegericht ausprobieren!**

Untersuchungen mit Kindern haben gezeigt, dass diese im Schnitt **8-mal mit einer neuen Speise vertraut gemacht werden müssen** (bei süßen Gerichten weniger oft), bevor diese als bekannt und beliebt eingestuft wird. Lassen Sie daher immer wieder davon kosten und zwingen Sie Ihr Kind nicht. Es kann sich auch um eine Verweigerungsphase handeln, die bald wieder vorbei ist.

• **Wählen Sie aus!**

Bei näherer Betrachtung sind es häufig **nur einzelne Gemüsesorten,** die nicht gemocht werden. Nicht jeder Mensch mag den leicht bitteren Geschmack von Brokkoli oder den säuerlichen einer Tomate. Hier können Sie durch großzügige Würzung mit frischen Kräutern oder durch die Zugabe kleiner Mengen an Schlagobers (an Schlagrahm, süßer Sahne), Sauerrahm (saurer Sahne) oder Joghurt den Geschmack verändern, verfeinern und neutralisieren. Meist reicht 1 TL davon, der aber zu den Fettportionen gerechnet werden muss

• **Gehen Sie mit Ihrem Beispiel voran!**

Kinder orientieren sich am Verhalten der Erwachsenen. Zum Beispiel lehnte die Tochter meiner Freundin Birgit bei einer Einladung hartnäckig den Karfiol (Blumenkohl) ab, den ihre Mutter selber mit verborgenem Unwillen, aber aus Höflichkeit gegessen hatte. Kinder reagieren sehr stark auf unausgesprochene Signale, die sie gefühlsmäßig erfassen, sodass Argumente weniger fruchten als ehrlich gelebte Vorbilder. Daher ist es ganz **wichtig, Rezepte mit Gemüse auszuwählen, die uns selber schmecken!**

• **Servieren Sie Haptisches!**

Bei Kindern besonders beliebt sind z. B. frische, gekochte oder gegrillte Maiskolben, weil sie mit den Händen gegessen werden können. Sie kommen dem Bedürfnis nach **„begreifbarem"** Essen sehr entgegen. Auf Grund ihres süßlichen Geschmacks können auch Erbsen, Karotten (Möhren) und Kürbis zu den beliebteren Sorten gezählt werden.

• **Nutzen Sie Idole!**

Kinder sind auch eher bereit, Gemüse zu akzeptieren, wenn ihre „Helden" dies ebenso tun. So ist die (Gemüse)lasagne die Rettung von Garfield, während Kartoffeln, Karotten und Pilze als „Leibspeisen" des kleinen Tigers und des kleinen Bären verlockend sind.

• **Bezeichnen Sie kindgerecht!**

Eine Freundin bringt ihre Kinder dazu, mehr „Grünzeug" zu essen, indem die Familie einmal pro Woche Hasenfamilie spielt. Dann haben Obst, Salat und Karotten Hochsaison und werden gerne gegessen. Häufig sind auch kindgerechte Bezeichnungen ausschlaggebend. So mag die kleine Lisa zwar weder Karfiol (Blumenkohl) noch Brokkoli, aber sie verzehrt mit großer Begeisterung „weiße Bäumchen" und

„grüne Bäumchen", die ihre Mutter ihr auf den Teller legt.

• **Verpacken Sie kindgerecht!**
Oft ist es die Optik, die nicht anspricht. So isst Tommy durchaus bereitwillig Erbsensuppe, während sonst jede einzelne grüne Kugel unter lautstarkem Protest entfernt wird.

Fein gerieben oder püriert lässt sich Gemüse in pikantem Pudding, in Spaghetti-Sauce, in cremigen Suppen oder Kuchen verbergen. Fein geriebene Rohkost ist leichter zu kauen als größere Gemüsestücke.

In unserem Rezeptbuch für Familien *„Pfiffige Rezepte für kleine und große Leute"* (☞ weiterführende Literatur) finden Sie einige Vorschläge für „Gemüse-Essmuffel".

• **Mischen Sie mit Beliebtem!**
Durch die **Beigabe von Obst** lässt sich mancher Salat geschmacklich verbessern. Fenchel und Sellerie bekommen durch geriebene Äpfel eine edlere Geschmacksnote und Salat aus fein geriebenen roten Rüben (Rote Beete) wird mit Orangen (Apfelsinen) und Äpfeln beliebter. Wenn dann noch Essig reduziert bzw. stattdessen Zitronen- oder Orangensaft verwendet wird bzw. Nüsse oder ein Nussöl den Geschmack abrunden, greifen viele Kinder gerne 2-mal zu.

Der Trick funktioniert auch umgekehrt: Gestiftelte Karotten (Möhren, Rüebli) lassen sich leicht in einem Fruchtsalat unterbringen.

• **Lassen Sie auswählen!**
Ist Ihr Kind schon etwas älter, akzeptiert es vielleicht **„Selbstgewähltes"** – frei nach dem Motto *„Magst du heute Paprika oder Gurken?"*. Oder es isst mit Stolz eigenhändig mit Keksformen (Guetzliformen) ausgestochene Paprika- oder Gurkensterne.

Vielleicht bieten Sie solche appetitanregenden Sterne auch nur **als besondere Belohnung** an. Genug Aufwand sind sie ja! Das erhöht ihren Anreiz.

• **Verknappen Sie!**
Meine Kollegin Britta und ich haben in Gesprächen über „Gemüseverweigerer" oft fantasiert, wie es wohl wäre, wenn man Gemüse verbieten würde und nur ausnahmsweise „zur Belohnung" ein besonders tolles Stück davon auf den Tisch brächte.

Ob das Interesse und die Nachfrage dann genauso groß wären wie bei Desserts und knapp portionierten Süßspeisen? Bei einem kleinen Versuch stürmten die meisten Kinder zuerst zu den – nicht ausreichend vorhandenen Karotten – und dann erst zur Schokolade. Auch an Buffets ist die Dekoration – die ja eigentlich „nicht zum Essen gedacht ist" – oft am beliebtesten.

Wenn Ihr Kind trotz aller Bemühungen jede Gemüsesorte ablehnt, ja selbst Gemüsesäfte (Karottensaft / Möhrensaft, Tomatensaft) nicht akzeptiert, dann bleibt der Ausweg mehr Obst, Fruchtsäfte und Kartoffeln aufzutischen. Diese garantieren ein ausreichendes Maß an Vitaminen und Mineralstoffen. Wird neben Gemüse auch Obst über mehrere Tage gänzlich abgelehnt, können angereicherte Vitaminpräparate für Kinder vorübergehend Abhilfe schaffen.

Können Vitaminkonzentrate Obst und Gemüse ersetzen?

Die Industrie bietet eine Reihe von Produkten wie vitaminisierte Getränke, angereicherte Bonbons oder Vitamintabletten an. Sie scheinen Obst und Gemüse ersetzen zu können. Doch eine abwechslungsreiche Nahrung bietet eine Vielzahl von komplexen Wirk- und Schutzstoffen, wie sie in Konzentraten nie so umfangreich enthalten sein können. So manches wirkt unerkannt im Verborgenen! Wie die neuesten Studien über die Schutzwirkung von „bioaktiven Substanzen" in Obst und Gemüse zeigen, ist die Natur dem Menschen immer eine Nasenlänge voraus. Eine Extraration Vitamine und Mineralstoffe ist bei einer ausgewogen zusammengestellten Ernährung nicht notwendig!
Präparate von Vitaminen und Mineralstoffen sind **nur vorübergehend und in Kinderdosierung empfehlenswert:**

- bei extremen „Gemüse-Essmuffeln",
- im Winter zur Steigerung der Abwehrkraft,
- wenn über einen längeren Zeitraum nichts oder nur wenig gegessen wurde.

Vielfach wird bei der Verwendung von Einzelpräparaten (z. B. Calcium, Vitamin C) – auch als Nahrungszusatz – außer Acht gelassen, dass zu viel davon die Niere belasten kann und bestimmte Mineralstoffe die Aufnahme anderer (z. B. Zink) hemmen können.
Damit dieser Konkurrenzeffekt nicht mehr Schaden anrichtet, als er nützt, sollen Einzelpräparate ausschließlich in den vom Arzt angeordneten Mengen verabreicht werden! Multivitaminpräparate können in sich ebenfalls Konkurrenzeffekte aufweisen. Kaum eines ist in seiner Bioverfügbarkeit erforscht. Daher kann von der enthaltenen Menge nur sehr begrenzt auf die tatsächliche Aufnahme geschlossen werden.

Brauchen Karotten (Möhren, Rüebli) immer Öl dazu?

Zwischendurch an Karotten zu knabbern macht vielen Kindern Spaß.
Das in der Karotte enthaltene Carotin ist die Vorstufe von fettlöslichem Vitamin A. Jenes wird in die Darmwandzellen aufgenommen und dort in das Vitamin umgewandelt.
Wenn Ihr Kind nun gleichzeitig mit der Karotte ein paar Nüsse isst oder die Rohkost mit einem Dip serviert bzw. der Karottensaft mit Öl zubereitet wird, dann wird das Vitamin A rasch im Blut weitertransportiert. Anderenfalls geschieht dies erst bei der nächsten fetthaltigen Mahlzeit. Die wertvollen

Vitamine aus den Karottenstückchen gehen dem Körper beim Knabbern zwischendurch teilweise verloren.
Bieten Sie daher möglichst gleichzeitig Butterbrot oder Nüsse etc. an und achten Sie darauf, dass gut gekaut wird!

Welches Gemüse soll ich im Winter wählen?

Gemüse – frisch aus dem Garten – enthält natürlich die meisten Vitamine. Bevorzugen Sie daher – wenn möglich – saisonales und heimisches Gemüse! Im Winter hat bei uns nur Lagergemüse (Pastinaken, Topinambur, Wintersalate, Karotten / Möhren / Rüebli, Kohl, Sellerie,) Saison.
Viele Eltern fragen, ob sie dann lieber tiefgekühltes Gemüse statt Glashausgemüses bzw. importierter Gemüsesorten wählen sollen.
Tiefkühlgemüse wird reif geerntet und bei tiefen Temperaturen rasch schockgefroren. Dadurch bleiben die Vitamine fast gänzlich erhalten.
Es ist deshalb für die Kinderkost besser geeignet als importiertes Gemüse, das oft unreif geerntet wird und schon einen langen Transportweg hinter sich hat.
Glashausgemüse erlangt selten den vollen Geschmack und Vitamingehalt, weil die nötige Sonne zur Reifung fehlt. In Glashausgemüse und -salat kann außerdem der Nitratgehalt infolge der Düngung sehr hoch sein. Bevorzugen Sie daher im Winter Lagergemüse oder Tiefkühlgemüse!

Zubereitung von Tiefkühlkost:
Tiefkühlgemüse soll nach der Entnahme aus dem Gefrierfach sofort zubereitet werden!

Längeres Auftauen und Stehenlassen bei Zimmertemperatur birgt ein hygienisches Risiko.

Sind Gemüsekonserven für mein Kind geeignet?

Gemüse aus der Dose oder aus dem Glas enthält meist relativ viel Salz, damit es knackig bleibt. Durch das Erhitzen beim Konservieren wird ein Teil der Vitamine zerstört. Solche Gemüsekonserven sollten eher als „eiserne Reserve" betrachtet und für Kinder nur in Maßen verwendet werden.

Eingesäuertes Gemüse, z.B. Sauerkraut, enthält hingegen sehr große Mengen Vitamin C, das beim Säuerungsprozess mit Milchsäurebakterien gebildet wird.

Im Vorschulalter mögen manche Kinder Eingesäuertes sehr gerne, in den ersten 3 Lebensjahren wird es aber häufig als zu sauer abgelehnt.
Es gibt jedoch auch mild gesäuertes Kraut und Gemüse. Außerdem werden Sauerkraut und süß-saure Essiggurkerln (Gewürzgurken) durch kurzes Abspülen unter kaltem Wasser etwas milder im Geschmack.

Wie erkenne ich bestrahltes Gemüse?

Für österreichische und deutsche Produkte gilt derzeit ein Verbot der Konservierung mit ionisierenden Strahlen. Da zur Verlängerung der Haltbarkeit jedoch in einigen EU-Ländern bestrahlt wird, sind bestrahlte Lebensmittel im Handel zu finden. Vor allem Gewürze sind in der EU und in der Schweiz häufig zur Konservierung bestrahlt.

Wenn eine Zwiebel **nicht mehr austreibt oder Gemüse unnatürlich lange haltbar bleibt,** so liegt die Vermutung nahe, dass bestrahlt wurde.
Noch ein Beispiel: Mittlerweile kommen Champignons vielfach aus Ungarn, wo Pilze zumeist bestrahlt werden. Durch die Bestrahlung werden die Pilze zwar nicht – wie vielfach befürchtet – radioaktiv, aber **Sie können die Frische der Ware nicht mehr erkennen** und bringen so womöglich schlechte Qualität auf den Familientisch. Ihnen werden sozusagen „alte Hüte" als junge Schwammerln (Pilze) verkauft. Das ist zwar hygienisch vermutlich unbedenklich, aber die Inhaltsstoffe sind nicht mehr frisch.

Normalerweise sind junge Pilze an geschlossenen Hüten und rosa Lamellen erkennbar. Wenn die Schwammerln altern, färben sich die Lamellen dunkel. Gleichzeitig öffnen sich die Hüte. Bestrahlte Champignons können Sie an den dunklen Lamellen in geschlossenen Pilzhüten erkennen.

Achten Sie darauf, Lebensmittel mit der Angabe „bestrahlt" oder „mit ionisierenden Strahlen behandelt" am Etikett zu vermeiden!

Kann ich meinem Kind Pilze geben?

Champignons und Austernpilze werden in Pilzkellern entweder auf Erdsäcken oder auf gedüngten Strohballen gezogen. Sie bestehen hauptsächlich aus Wasser und enthalten kaum Nährstoffe. Diese **Zuchtpilze** können durchaus Bestandteil der Kinderkost sein. Achten Sie jedoch beim Einkauf darauf, keine alten oder bereits verdorbenen Pilze zu wählen.

Wildpilze (Eierschwammerln / Pfifferlinge, Herrenpilze / Steinpilze,) hingegen sollen von Kindern nicht bzw. **max. 1-mal alle 2 Wochen** gegessen werden. Zum einen haben Wildpilze einen **höheren Gehalt an (strahlenbelasteten) Schwermetallen,** zum anderen liegt die Gefahr bei Schwammerlgerichten in der **Verwechslung von essbaren mit giftigen Pilzen.**

Dürfen Pilze und Spinat wirklich nur einmal erwärmt werden?

Speisepilze können wegen ihrer zarten Struktur und des hohen Wassergehaltes schnell verderben. Dabei können auch gesundheitsgefährdende Abbauprodukte entstehen.

Deshalb müssen Pilzgerichte für Klein-kinder immer frisch und von einwand-freier Qualität sein!

Spinat soll auf Grund des hohen Nit-ratgehaltes möglichst frisch zubereitet und für Kinder nicht wieder erwärmt werden. Eine Ausnahme bilden **blan-chierte Spinatblätter ohne Stengel,** die nach dem Erwärmen sofort tiefgekühlt wurden. Sie dürfen für Kinder jedoch nur einmal zubereitet werden!
Reste anderer nitratreicher Gemüse-sorten – dazu zählen rote Rüben (rote Beete), Zucchini (Zucchetti) Rotkraut (Rotkohl), Karfiol (Blumenkohl), Kohlra-bi und Karotten (Möhren, Rüebli) – **soll-ten nicht doppelt erwärmt werden.** Denn wenn in den Zeiten dazwischen ungenügend gekühlt wurde und sich bestimmte Bakterien vermehren konn-ten, kann Nitrat in Nitrit umgewandelt werden. Daraus können krebserregen-de Nitrosamine entstehen.

Bieten Sie auch im 2. Lebensjahr Spinat nur aus dem Gläschen an, da dieser nur wenig Nitrat enthalten darf und strengen Kontrollen unterliegt!

Können denn blähende Hülsenfrüchte „gesund" sein?

Hülsenfrüchte enthalten neben den Ballaststoffen noch wichtige Mineral-stoffe, Vitamine und Eiweiß von hoher Qualität. Sie sollen deshalb in Kombi-nation mit Getreide oder Fleisch **zumin-dest einmal pro Woche** (z. B. 50 – 70 g Tofu oder rote Linsen) die Basis einer warmen Mahlzeit bilden.
Blähungen nach dem Genuss von Hül-senfrüchten sind eine unangenehme, aber natürliche Auswirkung. Linsen, Erbsen, Bohnen und Kichererbsen ent-

halten bestimmte Ballaststoffe, die im Darm von Darmbakterien als Nahrung verwendet werden, wobei „Gase" als Abfallprodukt entstehen.

Das Einweichwasser bzw. das erste Kochwasser von Hülsenfrüchten sollten Sie immer wegschütten, das erhöht die Verträglichkeit. Allerdings nimmt man damit in Kauf, dass ein Teil der Vitamine und Mineralstoffe verloren geht.

Noch im 2. Lebensjahr kann es bei empfindlichen Kindern durch Hülsenfrüchte zu großen Verdauungsproblemen kommen. Am leichtesten verdaulich und bei Kindern besonders beliebt sind Erbsen. Braune Linsen werden häufig auf Grund der Farbe abgelehnt. Rote Linsen sind eher willkommen.

Ihr Kind könnte sich an Bohnen verschlucken.

Achten Sie darauf, dass Ihr Kind weder in der Küche noch im Garten Zugang zu rohen Bohnen (z. B. Feuerbohnen, Saubohnen) oder zu rohen Fisolen (grünen Bohnen) hat!

Viele Bohnenarten enthalten roh „Giftstoffe", die schon in kleinen Mengen schwere Schäden an den roten Blutkörperchen bewirken, welche für den Sauerstofftransport im Blut zuständig sind. Diese Giftstoffe werden beim Kochen jedoch gänzlich zerstört.

Kann ich Sojasprossen und andere Keimlinge verwenden?

Zunehmend landen Sojasprossen als Salat oder Gemüse auf heimischen Tellern. Rohe Keimlinge bergen jedoch häufig Schimmelpilze oder Bakterien (z. B. Salmonellen), die tief in den Samen überleben und sich während der Keimung stark vermehren. Selbst für Erwachsene sollen Sprossen nur frisch gekauft bzw. stets gut gewaschen serviert werden.

Für Kinder im 2. und 3. Lebensjahr raten Experten zu einem Speiseplan ganz ohne Sprossen. Vom 4. bis zum 6. Lebensjahr sollten Kinder nur gekochte Sprossen verzehren.

KURZ

- *Täglich 2 Portionen Gemüse, Rohkost oder Salat zu je einer Handvoll!*
- *Bunt, frisch und geschmackvoll!*
- *Achtung: Wildpilze selten und Sprossen von Bohnen gar gekocht!*

Obst – süß und vitaminreich

Die meisten Kinder essen Obst gerne wegen der Süße und Saftigkeit. Neben Frucht- und Traubenzucker bestehen Früchte zu etwa 80 % aus Wasser und enthalten viele Vitamine und Mineralstoffe. Sie sind wichtig, weil sie an zentralen Stellen des Stoffwechsels benötigt werden und nicht im Körper aufgebaut werden können.

Obst bietet vor allem Vitamin C und Beta-Carotin, die „Antioxidantien" genannt werden, weil sie Lebensmittel vor unerwünschter Veränderung durch Luftsauerstoff schützen.

Beispielsweise verzögert Vitamin C die Braunfärbung von Obst und Gemüse. Diese Schutzwirkung hält nur eine bestimmte Zeit, denn die Antioxidantien reagieren selbst mit dem Sauerstoff und werden dabei zerstört.

Der Verlust an Vitamin C geht rascher vor sich, wenn das Obst zerkleinert ist und viel Luft über längere Zeit zu den einzelnen Teilen gelangt.

Äpfel, Bananen, Karotten (Möhren, Rüebli), Avocados etc. behalten ihre Farbe daher länger, wenn Vitamin-C-reicher Zitronensaft zugefügt wird.

In unserem Körper haben Vitamin C, E und Beta-Carotin ähnliche Aufgaben wie in Lebensmitteln. Sie bewahren wichtige Bestandteile unserer Körperzellen vor unerwünschter Veränderung durch Sauerstoff. Sie schützen den Körper Ihres Kindes vor vielen Umweltschadstoffen – ein triftiger, fachlicher Grund also, viel Obst und Gemüse zu essen! Etwa soviel wird gebraucht:

Alter des Kindes	1 Jahr	2 – 3 Jahre	4 – 6 Jahre
Obst	120 g/Tag	150 g/Tag	200 g/Tag

Ihr Kind soll also **täglich 2 Portionen (Handvoll) Obst** essen. Dazu kommt evtl. die bei den Getränken erwähnte Portion Obst- bzw. Gemüsesaft. Eine Portion entspricht etwa einem kleinem Stück Obst (Apfel, Birne) oder einer Handvoll Beerenfrüchte (Erdbeeren, Himbeeren, Brombeeren). Obst ist als Zwischenmahlzeit oder als Bestandteil von Desserts hervorragend geeignet. **Nach Möglichkeit soll es frisch gegessen werden.** Kompott oder Saft werden durch Hitze konserviert. Dadurch geht das empfindliche Vitamin C großteils verloren.

Gerade in und unter den essbaren Schalen befindet sich der höchste Gehalt an wertvollen Vitaminen, Mineralstoffen, Ballaststoffen und sekundären Pflanzeninhaltsstoffen (bioaktiven Substanzen). Sobald das Kind also Apfelschalen etc. akzeptiert, soll es diese auch bekommen. Leider finden sich in und auf der Schale auch die höchsten Mengen an Schadstoffen. Spritzmittel (Pflanzenschutz- und Schädlingsbekämpfungsmittel) und Schwermetalle (von Abgasen etc.) bleiben auf den Schalen der Früchte haften.

Die meisten Schadstoffe können durch **gründliches Waschen unter fließendem Wasser** (nicht bloß kurzes Abspülen!) beseitigt werden. Es empfiehlt sich, dazu eine Küchenbürste zu kaufen, die ausschließlich zum Reinigen von Obst und Gemüse verwendet wird. **Mit der Bürste bekommen Sie auch die unebene Oberfläche von Karotten (Möhren, Rüebli) etc. sauber.**
Ansätze von Stängeln (bei Birnen und Äpfeln) sind Bereiche, in denen sich Spritzmittel und Regenwasser mitsamt Rückständen vermehrt sammeln können. Sie **sollen daher immer entfernt werden.**
Großzügig entfernen und wegwerfen sollten Sie auch unbedingt die Schale von importierten **exotischen Obstsorten** (z. B. von Kakis). Mangos, Papayas & Co sind zusätzlich mit chemischen Konservierungsmitteln behandelt, um sie vor Pilzbefall und Verderb zu schützen.

Bevorzugen Sie nach Möglichkeit Obst und Gemüse aus BIO-Anbau. **BIO-Früchte** sind zwar oft kleiner, aber der Geschmack ist intensiver und es sind meist mehr Vitamine sowie bioaktive Substanzen in ihnen enthalten als in herkömmlich angebauten Sorten.

Beim Anbau von biologischem Obst und Gemüse wird auf chemische Spritzmittel verzichtet, trotzdem befinden sich die unvermeidlichen Mengen an Umweltschadstoffen aus Luft und Regen (z. B. Blei, Cadmium) auf der Oberfläche von Obst oder Gemüse. Deshalb gilt auch hier: Gründlich reinigen!

Dem Obstkonsum Ihres Kindes sind nach oben hin fast keine Grenzen gesetzt – *„fast"* deshalb, weil der Anteil an Frucht- und Traubenzucker mit durchschnittlich 15 % relativ hoch ist. Besonders Bananen enthalten viel natürlichen Zucker (bis zu 23 %). Dadurch ist Obst energiereicher als Gemüse und **soll bei erhöhtem Körpergewicht max. in den empfohlenen Mengen gegessen werden.** Bieten Sie in diesem Fall eher Gemüserohkost zum Knabbern an!

Achten Sie auf Qualität:
Verwenden Sie kein Obst, das bereits faulig oder schimmelig geworden ist! Es kann selbst an den unbeschadet wirkenden Stellen schon giftige Nebenprodukte der Schimmelpilze und Fäulnisbakterien enthalten.

Ihren Kindern sollten Sie auch kein zu lange gelagertes Obst, das bereits Fremdgeschmack angenommen hat, zumuten.

Wie kann ich meinem Kind Obst schmackhaft machen?

Manche Kinder lieben Obst heiß, andere kann man damit in die Flucht
schlagen.
Eine „Durststrecke" in Sachen Obstver-
zehr von Kindern zwischen dem 5. und
15. Lebensjahr orten auch Ernährungs-
psychologen. Sie raten, Obst trotzdem
immer wieder in vielfältiger Form anzubieten und auch kleine Erfolge dieser Bemühungen wahrzunehmen.
Auch wenn die Hilfestellungen zeitweise wie vergebliche Liebesmühe er-
scheinen, sie beeinflussen später doch
das Ernährungsverhalten bis ins hohe
Alter.
Häufig hängt die fehlende Freude am
Obst damit zusammen, dass manche
Obstsorten für den kindlichen Gaumen zu viel Säure enthalten. Erdbeeren
werden deshalb lieber gegessen als
Ribiseln (Johannisbeeren). Versuchen

Sie, die Lieblingssorten herauszufinden! Eventuell hilft es auch, das Obst
zu **pürieren und im Mix mit Milchgetränken bzw. mit Topfen (Quark)** zu
servieren.
Die Milchprodukte puffern dabei die
Säure der Früchte ab, wodurch der
Geschmack „weicher" wird. Allerdings
sind dieser Fähigkeit der Milch Grenzen gesetzt.

Kinder werden oft von fleckigen Schalen oder angeschlagenem Obst abge-
schreckt. Wenn Kinder nur die optische
Form oder die „Härte" ablehnen, wird
Obst eher in Form von Obstsaft oder
Obstsauce akzeptiert, z. B. zu unseren
„Topfennockerln" und „Zimtknödeln"
(*„Pfiffige Rezepte für kleine und große
Leute"*, ☞ weiterführende Literatur) .
Obst lässt sich auch anders verstecken,
z. B. im Obstkuchen, im Früchtereis,
im Obstknödel oder feinwürfelig geschnitten im Rohkostsalat. Oder vielleicht bewegen Sie Ihr Kind zum Mitessen, wenn Sie **Ihre eigene Obstportion
teilen** bzw. wenn Sie sich die Stückchen
beiläufig wegstibitzen lassen oder
wenn Sie Ihr Kind bei der Zubereitung
helfen lassen.

Zählen Kompott und Marmeladen als Obstportion?

Ab und zu können Sie Ihrem Kind auch Kompott statt des Frischobstes anbieten. Beim Einkochen geht jedoch ein Großteil der hitzeempfindlichen Vitamine verloren. Außerdem enthalten Kompotte und Dosenfrüchte – je nach Zubereitungsart – bis zu 25 % Zucker. Der Saft der Konserven ist daher zu den Süßigkeiten zu rechnen, wenn er getrunken oder in einer Speise verwendet wird. Bei frisch gekochtem Kompott, das sofort gegessen wird, lässt sich auch gänzlich auf Zucker verzichten, denn Zucker wird hauptsächlich zur Verlängerung der Haltbarkeit zugegeben.

Marmeladen werden nicht als Obstersatz gerechnet, weil sie nicht in solch großen Mengen verzehrt werden. Dazu kommt, dass der Zuckergehalt sogar bis zu 65 % betragen kann. Sie zählen zu den Süßigkeiten. Da ist es sinnvoller, **frische Obststücke** kunstvoll **auf ein Topfen- (Quark-) oder Butterbrot zu legen.** Das liefert Vitamine und macht auch kleinen Köchinnen und Köchen Spaß.

Allerdings enthalten Marmeladen den gelierenden Ballaststoff Pektin, der aus Äpfeln gewonnen wird. Diese Gelierhilfe bzw. dieser Bestandteil von Gelierzucker hat die Fähigkeit, indirekt den Cholesterinspiegel im Blut zu senken. Da Kinder vereinzelt schon im Vorschulalter einen **erhöhten Cholesterinspiegel (über 170 mg/dl)** haben, ergibt das einen kleinen positiven Nebeneffekt. Hilfreicher sind in diesem Fall jedoch Haferflocken (z. B. im Müsli), täglich ein frischer Apfel und insgesamt etwas fettärmere Speisen.

Kann ich Trockenfrüchte anstelle von Obst anbieten?

Getrocknete Früchte werden von Kindern oft lieber gegessen als frisches Obst. Sie sind süßer und „cooler". So liebt Hanni ihre getrockneten Apfelspalten als Jause (Zwischenmahlzeit) im Kindergarten, während ein ganzer, frischer Apfel ungegessen bzw. nur angebissen zurückgebracht wird.

Trockenfrüchte können das Frischobst allerdings nur begrenzt ersetzen. Zwar **bleiben die Mineralstoffe erhalten,** jedoch die wichtigen Vitamine gehen beim Trocknen fast gänzlich verloren. Auch wird bei Rosinen, Datteln, Marillen (Aprikosen) & Co oft unterschätzt, dass sie wahre Kraftnahrung sind. Eine Marille enthält auch getrocknet noch immer die Zuckermenge einer frischen Frucht.

Trockenfrüchte: Da der Wasseranteil fehlt, entspricht eine Portion von Trockenfrüchten nur einer halben Handvoll Obst.
Bitte Trockenobst wie ein Gewürz verwenden, denn 2 EL Trockenobst entsprechen aber im Energiegehalt etwa 1 EL Zucker.

Als „süßes Gewürz" für Müsli und Süßspeisen sind **Trockenfrüchte** aufgrund
des hohen Mineralstoff- und Ballaststoffgehaltes **dem Zucker** oder dem
Honig aber **überlegen.**

Getrocknete Früchte helfen bekannter-
maßen bei **Verstopfung.**
Das hängt mit ihrem hohen Anteil an
Ballaststoffen (z. B. mit dem holzähnli-
chen Lignin in Birnen) zusammen. Hilfreich zur Anregung der Verdauung sind
in Wasser eingeweichte Dörrzwetschken (-zwetschgen, -pflaumen), ferner
Apfelspalten und getrocknete Marillen
(Aprikosen).

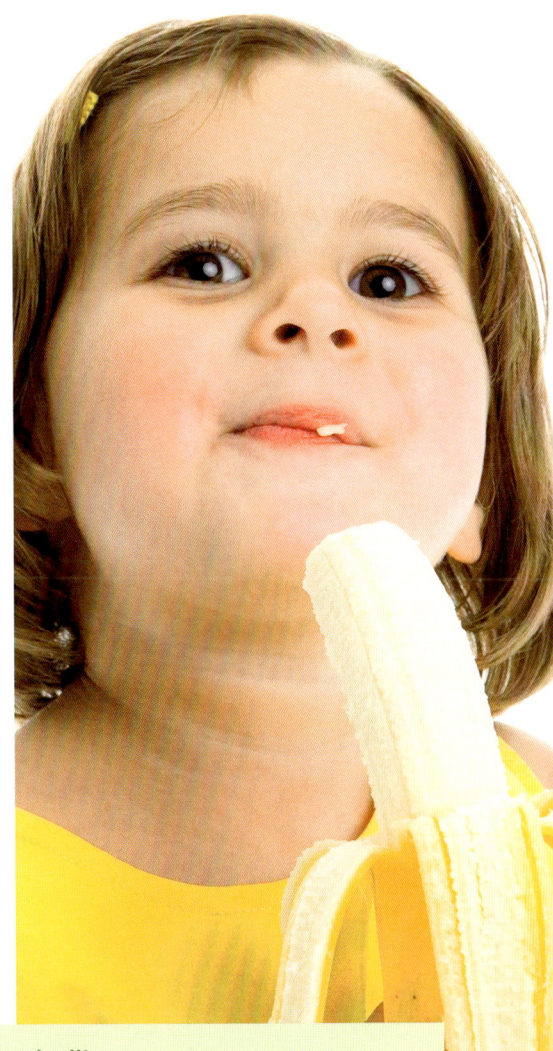

*Wenn Sie nicht die Möglichkeit
haben, selbst Trockenobst her-
zustellen, sollten Sie beim Einkauf darauf achten, möglichst
ungeschwefelte Trockenfrüchte
zu wählen. Manche Kinder reagieren auf geschwefeltes Trockenobst mit allergieähnlichen
Symptomen.*
*Trockenfrüchte sind nicht das-
selbe wie kandierte Früchte!
Letztere enthalten mehr Zucker
und sind oftmals gefärbt, weshalb sie in der Ernährung von
Kleinkindern nicht wirklich geeignet sind.*

KURZ

- *Täglich 2 Portionen Obst zu je einer Handvoll!*
- *Vielfalt: Frischobst, Tiefkühlobst, Kompott, Marmelade, Trockenfrüchte!*
- *Giftig: Rohe Holunderbeeren!*

Milchprodukte stärken die Knochen

Milch zählt nicht zu den Getränken, sondern bildet mit den daraus gewonnenen Produkten eine eigene Lebensmittelgruppe, die zu den tierischen Eiweißlieferanten gerechnet wird. Diese sollen in Maßen eine Rolle in der Ernährung spielen, wobei den Milchprodukten der größte Stellenwert gebührt. Kinder brauchen 3 Portionen Milchprodukte täglich à 100 – 120 ml Milch, Sauer- oder Buttermilch oder 100 – 120 ml Joghurt. Das entspricht:

Alter des Kindes	1 Jahr	2 – 3 Jahre	4 – 6 Jahre
Milch, Milchprodukte	300 ml/Tag	330 ml/Tag	350 ml/Tag

* 100 ml Milch entsprechen einer kleinen Scheibe Käse (15 g) oder 30 g Frischkäse (Topfen / Quark, Streichkäse).

Milch ist eine gute Quelle für Vitamine und für Mineralstoffe. Sie enthält größere Mengen an Magnesium, Phophor und vor allem an Calcium. Diese sind wesentlich für den Aufbau von Knochen und Zähnen, deshalb ist Milch für Kinder im Wachstum so wichtig. In Milchprodukten sind überdies kleine Mengen an Vitamin D enthalten, welches mithilft, Calcium in die Knochen einzubauen.

Milch und Milchprodukte liefern uns darüber hinaus Jod, Zink, Vitamin B_2 und B_{12} sowie Milchzucker, tierisches Eiweiß von hoher Qualität und leicht verdauliches Milchfett. Butter, Schlagobers (Schlagrahm, süße Sahne) oder Sauerrahm (saure Sahne) zählen jedoch zu den Fetten. Kleinkinder haben im Verhältnis noch einen etwas höheren Fettbedarf als Erwachsene. Für die Deckung des täglichen Bedarfes sollen Milchprodukte mit normalem Fettgehalt gewählt werden. Günstig sind also **Vollmilch, Sauermilch, Frischkäse (z. B. Topfen / Quark) und Schnittkäsesorten bis zu 45 % F.i.T.** (☞ Seite 66). Es soll allerdings nicht die ganze Milchportion in Form von Käse gegessen werden, da dieser neben einem erhöhten Fettanteil auch mehr Salz enthält. Mit Milchprodukten lässt sich der Energiegehalt der Nahrung leicht erhöhen oder verringern. Dies ist wichtig, wenn Ihr Kind zu dünn oder zu dick ist (☞ entsprechende Kapitel „Was tun, wenn …").

Frischmilch

Die in Österreich erhältliche sogenannte „Frischmilch" gehandelte pasteurisierte Kuhmilch weist die höchste Qualität auf. Sie wird bereits kurz nach dem Melken pasteurisiert und darf nur am Tag danach als Frischmilch verkauft werden. Das auf dem Etikett angegebene Datum ist also kein Haltbarkeitsdatum, sondern eine empfohlene Aufbrauchfrist. Entscheidend für die Frische ist daher auch, dass Sie die Milch möglichst am selben Tag verbrauchen! Die Frischmilch unterliegt strengen gesetzlichen Bestimmungen, die besonders hohe hygienische Voraussetzungen für die Rohmilchqualität vorschreiben.

Manchmal ist sie „aus biologischer Landwirtschaft" erhältlich. Die Frischmilch ist also nicht nur frisch, sondern auch von hoher Qualität und für Kleinkinder bestens geeignet.

Sauermilchprodukte

Allen Sauermilchprodukten (Joghurt, Dickmilch, Sauer- und Buttermilch, Kefir) wird eine gesundheitsfördernde Wirkung zugeschrieben. Spezielle Säuerungsbakterien, die den Milchzucker in Milchsäure umwandeln, sorgen für den typischen Geschmack. Die gleichen Bakterien finden sich auch im menschlichen Darm. Sind davon ausreichend im Darm Ihres Kindes angesiedelt, so haben krankmachende (z. B. Durchfall verursachende) Bakterien kaum eine Chance sich festzusetzen. Ist die Zusammensetzung der Bakterien im Darm des Kindes bereits gestört (z. B. nach einer Antibiotika-Behandlung), dann ist es sinnvoll, vermehrt Sauermilchprodukte anzubieten. Der Darm wird so neuerlich mit den geeigneten Bakterien besiedelt und das Immunsystem wieder gestärkt. Dazu eignen sich Joghurt, Acidophilusmilch, Bifidusmilch und sogenannte „probiotische" Milchprodukte.

Beim Einkauf von Milchprodukten soll den „Natur"-Varianten der Vorzug gegeben werden. Denn Milchdesserts enthalten einen relativ hohen Zuckeranteil, manchmal auch Farb- oder Geschmacksstoffe. Achten Sie bei der Auswahl der Fruchtjoghurts etc. möglichst auf farbstoff- und aromafreie Produkte! Meiden Sie „Fruchtzubereitungen mit Aroma"!

Bei Kindern sind Fruchtmilchgetränke, Topfen (Quark) mit Früchten (auch in Zwergepackung), Fruchtjoghurt und Kakao- oder Vanillemilch meist beliebter als Naturjoghurt und Vollmilch. Sie enthalten jedoch ziemlich viel Zucker. Als ungezuckerte Alternative können Sie Joghurt bzw. Topfen (Quark) mit frischen, geschnittenen oder pürierten Früchten anbieten. Mischen Sie süße Fruchtjoghurts 1:1 oder 2:1 mit Naturjoghurt für zuckerarme Varianten. Diese können auch in die vertrauten bunten Plastikbecher gefüllt und mit Plastikfolie verschlossen im Kühlschrank aufbewahrt werden.

Viele Kleinkinder beharren nur wegen bunter bzw. bebilderter Becher auf den süßen Produkten. Manche wollen aber unbedingt die heiß geliebten Deckel selbst aufreißen, dann gelingt dieser Trick leider nicht mehr. Selbst gemischte Topfencremen können mit zugekauften Stielen inkl. Joghurtbechern auch gut zu „Eis am Stiel" eingefroren werden.

Pürierte Früchte für selbst gemischte Joghurts lassen sich durch Tieffrieren auch für den Winter vorbereiten. Wer gerne experimentiert und Joghurt, Kefir, Sauermilch und einfache Frischkäsesorten (Topfen / Quark, Joghurtkäse) einmal selber herstellen möchte, der erhält genaue Anleitungen und jede Menge Tipps für die Weiterverarbeitung in der Küche bzw. zu allerlei Hausmittelchen im Buch *Joghurt, Käse, Rahm und Co – Gesundes aus Milch selbst gemacht"* (☞ weiterführende Literatur).

Was muss ich beim Umstieg auf Kuhmilch beachten?

Dies ist eine der häufigsten Fragen, die zum Thema Milch gestellt werden.
Viele Mütter verunsichert, dass im 1. Lebensjahr pasteurisierte Kuhmilch als Flaschennahrung gänzlich abgelehnt wird und dann nach dem 1. Geburtstag plötzlich schlagartig erlaubt ist. Dazu kommt, dass die Folgemilchpackungen von Seiten der Industrie noch bis zum 3. Lebensjahr angepriesen werden.

Nach dem 1. Lebensjahr sind Säuglingsmilchnahrungen nicht mehr notwendig. Wenn Ihr Kind jedoch etwas länger beim gewohnten Geschmack bleiben möchte, so können Sie dies noch zulassen und den Umstieg auf Kuhmilch über Joghurt oder Topfen (Quark) beginnen. Dies gilt auch für länger gestillte Kinder, denn Muttermilch ist auch im Kleinkindalter noch die beste Milchnahrung für Ihr Kind. Die Umstellung wird von Land zu Land unter-

schiedlich gehandhabt. Eine direkte Umstellung auf Vollmilch ist möglich. Um das Kind an den Geschmack zu gewöhnen, empfehle ich jedoch, die Umstellung auf Kuhmilch mit **„Zwei-Drittel-Milch"** (einer Mischung von 2/3 Milch zu 1/3 Wasser) zu beginnen. Es kann über 3/4 Milch mit 1/4 Wasser im Laufe der ersten Woche zu Vollmilch (3,5 – 3,8 % Fett) gewechselt werden. Wenn Sie wollen, können Sie sich dazu auch mehr Zeit lassen. Sie müssen nicht sofort jede Säuglingsflasche mit Kuhmilch füllen. Anfangs reicht es, wenn zu 3 Frühstücksmahlzeiten pro Woche ein Glas mit Milch serviert wird, wenn an den anderen Tagen Säuglingsmilchnahrung gegeben wird.
Die pasteurisierte Milch wird nur gewärmt, denn durch zusätzliches Abkochen würden viele der empfindlichen Vitamine verloren gehen.

Erwärmen Sie Milch direkt aus dem Kühlschrank auf Trinktemperatur, da sie sonst für den Magen Ihres Kindes zu kalt ist!

Kinder, die eine gezuckerte Milchnahrung (z. B. Milumil 2) gewohnt sind, lehnen Kuhmilch leider oft auf Grund des fehlenden Süßgeschmacks ab.
Eine Mutter berichtete mir, dass sie die Flaschennahrung schrittweise mit immer mehr Zwei-Drittel-Milch gestreckt hätte, um den neuen Geschmack akzeptabel zu machen.

Wie gelingt der Umstieg auf Schaf- oder Ziegenmilch?

Schafmilch ist fetthaltiger als Kuhmilch und liefert mehr Mineralstoffe. Beginnen Sie beim Umstieg daher zuerst mit einer Halbmilch (1/2 Milch, 1/2 Wasser), wechseln Sie dann auf Zwei-Drittel-Milch. Erst nach dem 2. Lebensjahr sollten Sie Schaf-Vollmilch anbieten, am besten teilentrahmte.

Mit Ziegenmilch ist ähnlich wie mit Kuhmilch zu beginnen, da die Unterschiede nicht so gravierend sind. Schaf- und Ziegenmilch stehen frisch nicht das ganze Jahr über zur Verfügung. Damit die Versorgung mit Schaf- und Ziegenmilch auch im Winter gewährleistet ist, kann man Tagesportionen tieffrieren oder auf getrocknete Ziegenmilch aus der Apotheke zurückgreifen.

Braucht mein Kind eine spezielle Kleinkindermilch?

Mittlerweile sind eigene Milchnahrungen für Kleinkinder auf dem deutschsprachigen Markt. In der Werbung wird Müttern vorgeschwärmt, dass diese speziellen Kindermilchprodukte besonders gut und gesund für ihr Kind seien, besser als die reine Kuhmilch.

Das Forschungsinstitut für Kinderernährung in Dortmund hat die Produkte genauer unter die Lupe genommen. Dabei stellte sich heraus, dass die angebotenen Kleinkindermilchen (z. B. „Milupino Kindermilch" von Milupa und „5-Korn-Milchnahrung" von Alete / Nestlé) in ihrer Zusammensetzung einer 2er bzw. 3er-Nahrung sehr ähnlich sind. Im Prinzip sind sie 2/3 bis 3/4 **Kuhmilch-Wasser-Mischungen mit Zusätzen** verschiedener Nährstoffe. Sie enthalten außerdem manchmal Geschmackszusätze wie Erdbeere, Vanille, Schokolade und Banane.

Es ist fraglich, inwieweit ein Kleinkind bei einer normalen und ausgewogenen Mischkost ein Milchprodukt mit diesen Zusätzen braucht. Darüber hinaus werden **aus kinderärztlicher Sicht,** Milchnahrungen mit Getreidezusätzen **abgelehnt,** weil somit übermäßig viel Energie trinkend aufgenommen wird. Ihre Verabreichung kommt rasch einer **Überfütterung** gleich, weil der Sättigungsmechanismus nicht schnell genug greifen kann, und sie kann zu Karies führen.

Milch ist in der Kinderernährung als Calciumlieferant sehr wichtig. Diese neuen Milchnahrungen für Kleinkinder enthalten teils ebenso viel Calcium wie Kuhmilch, manchmal jedoch auch weniger! Eine spezielle Kleinkindermilch bietet bei abwechslungsreicher Ernährung keinen Vorteil, die Kosten dafür sind aber durchaus als Nachteil zu werten. Sie liegen etwa 2- bis 3-mal höher als für herkömmliche Milch. Außerdem dienen Lebensmittel nicht nur der Nährstoffversorgung des Kindes, sondern sind auch wichtiger Teil der Ernährungserziehung und der Entwicklung eines altersgemäßen Essverhaltens. **Kinder sollen ja von ihren El-**

tern „nebenbei" den richtigen Umgang mit möglichst natürlichen Lebensmitteln lernen! Wenn aber immer wieder spezielle Lebensmittel für Kinder vorgesetzt werden, wird das Kind von der Essenswelt der Erwachsenen ausgeschlossen.

Die Verwendung dieser speziellen Produkte beeinflusst obendrein die Geschmacksprägung des Kindes. Dann ist es nicht verwunderlich, wenn infolgedessen später „normale" Kuhmilch abgelehnt wird! Es ist **weitaus sinnvoller, Sie verwenden eine hochwertige BIO-Milch,** z. B. eine ☞ „Frischmilch".

Muss ich auf Haltbarmilch verzichten?

Haltbarmilch (UHT-Milch) wird ca. eine Sekunde auf über 135 °C erhitzt und dadurch mindestens 6 Wochen bei Raumtemperatur lagerbar. Durch die hohe Temperatur entstehen neben Vitaminverlusten (etwa 20 % mehr im Vergleich zu pasteurisierter Milch) auch geschmackliche Veränderungen, da der Milchzucker karamellisiert.
Manche Eltern schätzen Haltbarmilch, weil sie auf Vorrat gekauft werden kann. Wegen des geringeren Vitamingehaltes im Vergleich zur Frischmilch soll H-Milch jedoch möglichst selten, keinesfalls täglich verwendet werden! Bevorzugen Sie als haltbare Reserve eine 0,5%ige H-Milch, da der Kochgeschmack weniger intensiv ist als bei H-Milch mit einem Fettgehalt von

3,6 %. Ein Mittelding zwischen Haltbarmilch und pasteurisierter Milch ist die sogenannte ESL-Milch (hochpasteurisierte Milch), die in letzter Zeit die Frischmilch mehr und mehr aus dem Supermarktregal verdrängt.
Sie ist 12 – 21 Tage haltbar – länger als pasteurisierte Frischmilch, aber nicht so sehr im Geschmack verändert wie Haltbarmilch. Sie muss im Kühlschrank gelagert werden. Gekennzeichnet ist die ESL-Milch hauptsächlich als „länger frisch" oder „hocherhitzt".

Sterilmilch, die bis zu 40 Min. auf etwa 110 °C erhitzt wird und dadurch über ein Jahr gelagert werden kann, ist für Kleinkinder nicht geeignet!

Kann ich Rohmilch direkt vom Bauernhof verwenden?

Manche Mütter wollen Rohmilch frisch vom (eigenen) Bauernhof verwenden. Meist sind die Viehbestände hierzulande frei von Krankheiten, aber erst **ab dem 6. Lebensjahr** kann frische Rohmilch bedenkenlos verwendet werden. Denn in Rohmilch können jedoch vereinzelt Durchfall erregende Bakterien enthalten sein. Des Weiteren ist im deutschsprachigen Raum bei einigen Kleinkindern in den letzten Jahren Nierenversagen durch spezielle, krankmachende Coli-Bakterien (EHEC) aus der

Rohmilch aufgetreten. Dieses Risiko schwerer Nierenschäden lässt viele Wissenschafter vor Rohmilch in den ersten 6 Lebensjahren warnen.

Die Milch muss daher für Kleinkinder immer pasteurisiert oder zumindest abgekocht werden! Beachten Sie jedoch, dass bei im Haushalt abgekochter Milch der Vitaminverlust weitaus größer ist als bei pasteurisierter Milch! Eine Mutter wies mit ihrer Anfrage auf einen weiteren Teilaspekt hin, nämlich auf den Rohmilchkäse (z. B. viele französische oder BIO-Käsesorten).

Gerade er gilt als Käse von höchster geschmacklicher Qualität und wird aus bester Milch gewonnen. Die Wahrscheinlichkeit, dass sich darin krankheitserregende Bakterien befinden, ist vor allem im Schnitt- und Hartkäse gering, weil viele Bakterien einen gewissen Wassergehalt zum Überleben benötigen, aber sie kann nicht ausgeschlossen werden. Daher ist **nur Käse „aus pasteurisierter Milch" im Kleinkindalter empfohlen.** Achten Sie auf das Etikett!

Was tun, wenn mein Kind Milch ablehnt?

Nicht jedem Kind schmeckt Milch als Frühstücksgetränk. Doch die meisten Kinder akzeptieren Milchprodukte bzw. Milch in anderer Form. Wenn Ihr Kind ausreichend Sauermilch, Joghurt oder Käse zu sich nimmt, ist seine Calciumversorgung gesichert. Milchmixgetränke mit frischen Früchten (z. B. Bananenmilch), Topfendesserts (Quarkdes-

serts), Joghurt zu ☞ Cornflakes oder Müsli bzw. Hauptgerichte wie Milchreis, Pudding oder Grießbrei sind als Calciumlieferanten gut geeignet. Milch und Milchprodukte lassen sich auch in Suppen, Salatsaucen und in Aufläufen, die mit Käse überbacken wurden, unterbringen. Es muss also nicht unbedingt das Käsebrot mit einem Glas Milch sein, wenn Ihr Kind das nicht mag!

Ist Kakao besser als gar kein Milchgetränk?

Von manchen Kindern wird Kakao einfach lieber getrunken als Milch pur. Fertige Kakaogetränke aus dem Handel und Instantpulver sind jedoch sehr zuckerreich. In 1/4 l Kakao verbergen sich ca. 10 g Zucker, sodass die maximale Tagesmenge an Zucker damit erreicht wird. Wird mehr Kakao getrunken, muss die Menge an Süßigkeiten dementsprechend verringert werden. Manche Eltern mischen lieber selber Kakaopulver mit Zucker, um genau zu wissen, welche Mengen wovon drinnen sind. Es gibt allerdings mittlerweile schon zuckerreduzierte Fertigkakaopulver im Handel. Bereiten Sie den Kakao jedoch auch dann eher hell zu!

Können Molkegetränke Milch ersetzen?

Einmal fragte in einem meiner Seminare eine Mutter, deren Kinder Fruchtmolkegetränke lieben, ob diese als Milchprodukt gerechnet werden könnten. Molke ist eigentlich ein Nebenprodukt der Käseerzeugung. Verglichen mit Frischmilch, enthält Naturmolke um vieles weniger Eiweiß und Fett und nur noch die Hälfte der Calciummenge. Sie sind also in gleicher Menge kein vollwertiger Ersatz für Milch.

Molkegetränke tragen – auch verdünnt mit Fruchtsaft – ihren Teil zur Calciumversorgung bei. Sie sind daher hochwertige Durstlöscher, sofern sie nicht sehr gesüßt sind, wie das bei Fertigprodukten leider häufig der Fall ist.

Mein Kind trinkt nur Milch, ist das zu viel?

Phasenweise trinken manche Kinder sehr viel Milch, besonders wenn sie andere tierische Eiweißquellen (Fleisch, Fisch, Eier) vorübergehend ablehnen. Grundsätzlich ist es positiv, wenn Ihr Kind Milch trinkt. Milch ist jedoch ein Lebensmittel mit Kalorien und deshalb nicht als alleiniger Durstlöscher geeignet. Zur Pausenverpflegung gehört zusätzlich ein Getränk. Wenn Ihr Kind oft mit Milchgetränken seinen Hunger stillt, sollten Sie darauf achten, dass andere wichtige Lebensmittel (Gemü-

se, Obst, Getreide, Fisch) nicht zu kurz kommen! Neigt Ihr Kind zu Übergewicht, ist es ratsam, die Milchmenge auf die empfohlenen Mengen einzugrenzen, die Milch im Milchmixgetränk oder Kakao evtl. mit 1/4 oder 1/3 l Wasser zu verdünnen und beim Einkauf zu Magermilch bzw. zu Molkegetränken zu greifen.

Was bedeutet F.i.T. auf der Käsepackung?

Jedem, der Käse im Supermarkt schon einmal genauer unter die Lupe genommen hat, wird aufgefallen sein, dass der Fettgehalt darauf in % F.i.T. angegeben wird. Hinter diesem Kürzel verbirgt sich „Fett in der Trockenmasse". Das bezeichnet **den Fettanteil aller Käsebestandteile nach Abzug des Wasseranteils.**
Der „absolute Fettgehalt" des gesamten Käses liegt daher immer niedriger – bei Frischkäse (Gervais) beträgt er ca. die Hälfte des F.i.T., bei Schnittkäse (Emmentaler) etwa 2/3 des F.i.T. Manchmal ist der absolute Fettgehalt auch auf der Packung angegeben. **Greifen Sie möglichst zu Käsesorten, die max. 25 % absoluten Fettgehalt oder bei Schnittkäse 45 % F.i.T. aufweisen!**

Sind Schimmel-, Schmelz- oder Scheibenkäse geeignet?

Weiß- oder Blauschimmelkäse erfreut sich bei Erwachsenen großer Beliebtheit, und ich staunte nicht schlecht, als ich bei einem Besuch bei französischen Freunden sah, welche Vielfalt an Käsesorten dem 2-jährigen Pierre zur Auswahl angeboten wurde. Es liegt wohl in der französischen Kultur, diesen Geschmack früh zu prägen und zu schulen. **Anfang des 2. Lebensjahres sollen allerdings milde Käsesorten (z. B. Edamer, Gouda, Topfen / Quark, Mozarella) bevorzugt werden!** Später können milde Schimmelkäsesorten (z. B. Camembert) offeriert werden. Blauschimmelkäse und **Hartkäsesorte**n haben oft durch die längere Reifungszeit einen scharfen Geschmack und können dann nur gerieben als Geschmacksgeber in einer Käsesauce etc. genutzt werden.

Ähnliches gilt für den sehr salzigen **Feta,** eine griechische Schafkäsesorte. Legt man ihn über Nacht in kaltes Wasser, so wird er milder und kann in kleinen Mengen zum Würzen von Speisen verwendet werden. **Schließlich nehmen Kleinkinder den Geschmack intensiver wahr als Erwachsene, da sie eine größere Anzahl an Geschmacksknospen auf der Zunge haben.**

Schmelzkäse und Scheibenkäse wird unter anderem aus Käseresten erzeugt, nochmals erhitzt und mit Hilfe von Käserei-Phosphatsalzen eingeschmolzen. Dadurch wird er streichfähiger, hat jedoch **einen viel höheren Gehalt an Käsereisalzen** und ist für die Kost Ihres Kleinkindes wenig geeignet. Bevorzugen Sie zum Überbacken oder für den Toast Gouda oder Edamer.

Wenn das Kind gerade Verdauungsprobleme (Durchfall, Blähungen) hat, sollten Sie seinem Verdauungstrakt weder Schimmelkäse noch andere Schnitt- bzw. Hartkäse zumuten, da diese Sorten schwerer verdaulich sind als Frischkäse.
Meiden Sie auf jeden Fall Käse, der im Kühlschrank Fremdpilze (schwarz, grellgelb, grellrot etc.) entwickelt hat, er ist durch und durch verdorben!

Soll ich Joghurts mit rechtsdrehender Milchsäure kaufen?

Bestimmte Milchprodukte werden damit beworben, hauptsächlich rechtsdrehende Milchsäure zu enthalten. Im menschlichen Körper wird nur diese Milchsäure selber gebildet. Körpereigene Milchsäure entsteht bei ungewohnt langer Bewegung in den Muskeln. Dort verstärkt sie vermutlich den „Muskelkater", der durch kleine Muskelverletzungen ausgelöst wird, bevor sie bald darauf wieder abgebaut wird. Beim Säuerungsprozess von Joghurt, Käse oder Sauerkraut entsteht sowohl rechtsdrehende als auch linksdrehende Milchsäure.
Mittlerweile hat man erkannt, dass auch linksdrehende Milchsäure keine besondere Belastung für den Körper darstellt. Diese wird im Stoffwechsel ebenfalls abgebaut bzw. ausgeschie-

den, allerdings langsamer als die „heimische" rechtsdrehende. **Beim Einkauf müssen Sie also nicht speziell auf Joghurts mit hauptsächlich rechtsdrehender Milchsäure achten!**

Für alle Neugierigen hier noch eine kurze Erklärung, warum Milchsäure „drehend" sein kann. Es handelt sich um ein einfaches physikalisches Phänomen. Beleuchtet man die reine Milchsäure mit einem einzelnen polarisierten Lichtstrahl, so kann sie diesen entweder nach links oder rechts ablenken, wodurch der Lichtstrahl die Milchsäureprobe auf der anderen Seite nach rechts oder links „gedreht" verlässt.

Bifidusmilch und probiotische Joghurts, wozu sind die gut?

Viele Kinder mögen die milde Säuerung, die von Bifidusbakterien und probiotischen Joghurtbakterien stammt. Außerdem wirken manche Joghurts **cremiger, obwohl sie die übliche Menge an Fett enthalten.** Diese Joghurts und joghurtähnlichen Drinks sind daher oft beliebter als das „normale" Joghurt. Eine Tatsache, die zählt, wenn es darum geht, Abwechslung und die richtige Menge an Milchprodukten „an das Kind zu bringen".
Die in probiotischen Produkten enthaltenen **Bakterien dienen zum Aufbau der Darmflora** und verdrängen krankmachende Bakterien im Darm ähnlich, aber intensiver als Joghurt- und Sauermilchbakterien. Daher können diese

speziellen Joghurts nach einer längeren Antibiotikagabe auch zu einer „Darm-Regenerations-Kur" (einmal täglich 1 Portion für mindestens 3 Wochen) genossen werden. Achten Sie jedoch darauf, zu ungesüßten Varianten zu greifen oder rechnen Sie gesüßte Portionen zu den Süßigkeiten.

Ist Kefir für Kleinkinder geeignet?

Wird Kefir für Kinder selbst hergestellt, so muss er mit Sorgfalt täglich frisch zubereitet werden, denn der in die Milch gelegte Kefirpilz vergärt den enthaltenen Zucker zu Milch- und Essigsäure, wobei auch kleine Mengen Alkohol gebildet werden. **Liegt der Kefirpilz 2 Tage in der Milch, so können bis zu 2 %, innerhalb von 4 Tagen sogar bis zu 5 % Alkohol entstehen.** Diese Mengen sind für Kinder zu hoch! Am ehesten sind fertig gekaufte Kefirgetränke aus der Molkerei, die standardisiert sind, für Kinder im Vorschulalter geeignet.

Alter, nicht ausreichend in Wasser gereinigter Kefirpilz (egal ob Milch-, Tee- oder Wasserkefir) enthält evtl. Fremdschimmelpilze, die gesundheitlich bedenklich sind.
Deshalb ist selbst hergestellter Kefir für Kinder nur bei sorgfältigster Zubereitung geeignet!

Mein Kind hat eine Milchallergie!

Wenn der Arzt bei Ihrem Kind im Haut- und Bluttest eine Allergie auf Kuhmilch und Kuhmilchprodukte feststellte, so muss Kuhmilcheiweiß in jeder Form vermieden werden. Überprüfen Sie außerdem die Zutatenliste von Margarinen, Schokolade, Pralinen, Backwaren, Wurstwaren und Fertigprodukten auf Milchzusatz.

Mit dem Arzt kann abgeklärt werden, ob Schaf- oder Ziegenmilch als Ersatz möglich ist, wenn das Kind nur auf das artspezifische Molkeneiweiß reagiert. Diese Milchsorten stehen aber nicht das ganze Jahr über zur Verfügung, deshalb sollte man „Notrationen" einfrieren. Ziegenmilch gibt es in der Apotheke auch als Pulver.

Mein Kind verträgt keinen Milchzucker!

Manche Kinder können schon als Baby den Milchzucker der Muttermilch und später denjenigen aus den Süßmilchprodukten nicht gut verwerten. Diese Stoffwechselstörung wird Lactoseintoleranz genannt.

Reagieren Kinder auf jede ungesäuerte Milch mit Durchfall, ist mit dem Arzt bzw. einer Diätologin (Diätassistentin, in der Schweiz: diplomierte Ernährungsberaterin) abzuklären, inwieweit „saure" Sauermilchprodukte (z. B. Joghurt gegen Ende des Ablaufdatums, wenn die Joghurtbakterien fast allen

Milchzucker vergoren haben) vom Kind noch vertragen werden können.

Laut TCM soll mein Kind keine Milch erhalten!

Die traditionelle chinesische Medizin und Ernährungslehre kommt weitgehend ohne Milch und Milchprodukte aus. Das hängt damit zusammen, dass mit Ausnahme gewisser Nomadenvölker, deren Hauptnahrungsquelle Milch darstellt, in weiten Teilen Chinas keine Milchtierhaltung erfolgt und daher die Fähigkeit der meisten Menschen dieses Landes, Milchzucker zu verarbeiten, stark herabgesetzt ist.

In unseren Regionen hat Milchverwendung und -verarbeitung Tradition. Laktoseintoleranz tritt eher selten und oft erst im späteren Erwachsenenalter auf. Die TCM schreibt der Milch **verschleimende Wirkung** zu. Wissenschaftliche Untersuchungen fehlen dazu.

Es liegt wohl in der Erfahrung des Einzelnen, die individuell verschieden sein kann, ob ein Verzicht auf Milchprodukte – ähnlich dem Verzicht auf Fleisch bei vegetarischer Ernährung – wohltuend ist.

Fehlt meinem Kind ohne Milchprodukte Calcium?

Wenn Ihr Kind alle Milchprodukte ablehnt oder eine Milchallergie hat, dann muss Calcium aus anderen Quellen zugeführt werden. **Leinsamen, Sesam, Mohn, Nüsse, Algen, Hülsenfrüchte (Tofu, Sojasprossen), Weizenkeimlinge, Haferflocken, Eigelb und Meeresfrüchte** liefern größere Mengen davon. Zu den calciumreicheren Fischen zählen Sardine, Brasse, Scholle, Karpfen und Seehecht.

Fenchel, Brokkoli, Porree (Lauch), Kohlrabi, Kohl und Sellerie leisten ebenfalls einen wesentlichen Beitrag zur Versorgung. Ein Teil des Calciumbedarfes kann durch angereicherten Fruchtsaft oder durch angereicherte Sojamilch abgedeckt werden. Wenn Ihr Kind jedoch wenig von den obigen Lebensmitteln isst, dann sollten Sie calciumreiches Mineralwasser als Getränk und für Suppen verwenden bzw. mit Ihrem Kinderarzt über eine zusätzliche Gabe von Calciumtabletten sprechen.

KURZ

- *Täglich 3 Portionen Milch oder Joghurt zu je 100 – 120 ml (oder etwas Käse)!*
- *Auswahl: Frischmilch, Vollmilch, ESL-Milch, UHT-Milch, Molke, Joghurt, Käse*
- *Achtung: Keine Rohmilch in den ersten 6 Lebensjahren!*

Etwas Fleisch statt viel Wurst

Fleisch – vor allem rotes Fleisch – enthält besonders leicht verfügbares Eisen und ist daher die beste Eisenquelle in unserer Nahrung. Außerdem stellt es als wichtige Nährstoffe zusätzlich hochwertiges Eiweiß und Vitamin B_{12} zur Verfügung. Schweinefleisch enthält viel Vitamin B_1, Rindfleisch viel Zink – einen Mineralstoff, mit dem Kinder oft nur unzureichend versorgt sind. **Am besten, Sie bieten daher mageres Schweinefleisch, Rindfleisch und Geflügel abwechselnd an!**

Im Säuglingsalter sollen täglich kleine Fleischportionen angeboten werden. Später empfiehlt es sich Kleinkinder daran zu gewöhnen, an manchen Tagen auf Fleisch zu verzichten und stattdessen Gerichte aus eisenreichem Vollkorngetreide kombiniert mit Vitamin-C-reichem Obst und Gemüse zu essen. Die im Vergleich zu den empfohlenen Tagesportionen eingesparte Fleischmenge kann der Fleischportion an anderen Tagen zugerechnet werden.

Durchschnittlich wird eine Fleisch-, Fisch- oder Eierportion täglich empfohlen, wobei **die Fleischportion etwa handtellergroß sein soll.** In den 4 – 5 mäßig großen Fleischportionen pro Woche ist die Wurst im Pausenbrot genauso inkludiert wie die Fleischgerichte mittags und abends.

Alter des Kindes	1 Jahr	2 – 3 Jahre	4 – 6 Jahre
Fleisch, Wurst	30 g/Tag	35 g/Tag	40 g/Tag

Das Fleisch soll gedünstet, gekocht, gegrillt (☞ Seite 76) oder nur leicht angebraten, aber durchgegart serviert werden. Bei starkem Anbraten entstehen Röstprodukte, die in größeren Mengen ungesund sind.

Paniertes – egal ob Fischstäbchen oder Schnitzel – soll höchstens einmal pro Woche auf den Tisch kommen, denn es enthält unnötig viel Fett.

Essen Sie mit Ihrem Kind diese Speisen häufig außer Haus, dann ist zu bedenken, dass mancherorts die Qualität des

Rohe tierische Produkte meiden!
Sorgen Sie immer dafür, dass Fleisch und Fisch gut durchgegart sind! Rohe Spezialitäten wie Rohwurst (z. B. Mettwurst), Tartar, Carpaccio, oder roher Fisch (Sushi, Räucherlachs) sind für Kleinkinder nicht geeignet. Sie können verschiedene Krankheitserreger (z. B. Listerien) enthalten.

Fettes zweifelhaft sein kann, weil es mehrmals oder zu hoch erhitzt wurde. In Wurstwaren kann viel Fett verborgen sein. Schinken, Schinkenwurst, Geflügelwurst, magerer Tiroler Speck und Aufschnitt eines mageren Bratens bzw. einer Truthahnbrust zählen zu den fettärmeren Sorten.

Extrawurst (Fleischwurst), Frankfurter (Wiener Würstchen), Brat-, Blut- und Leberwurst enthalten **zwischen 20 und 30 % Fettanteil.** Sie sollen daher nur ab und zu gegessen werden.

Dauerwurstwaren, wie z. B. Salami, und Streichwurst können sogar bis zu 50 % Fett enthalten und sollen Kindern selten angeboten werden.

Die meisten Kinder essen lieber Fleisch, das „nicht wie Fleisch aussieht", also zu Schnitzel, faschierten Laibchen (Frikadellen), Fleischbällchen oder Wurst verarbeitet wurde. Magerem Faschiertem (Hackfleisch) soll hier der Vorzug gegeben werden. Es lässt sich in kleineren Mengen auch gut zu Gemüselaibchen (-bratlingen) oder Getreidebällchen mengen oder in Knödel füllen. Ferner kann Faschiertes in Aufläufen und Sugo (Spaghettisaucen) Verwendung finden.

Was, wenn mein Kind gar kein Fleisch mag?

Kinder lehnen Fleischstücke häufig deshalb ab, weil das Fleisch grobe Fasern hat oder zu trocken ist. Vielleicht ist auch die Zubereitung nicht nach ihrem Geschmack, das Kalbskotelett nicht gut durchgebraten, vor Fett triefend oder zu intensiv gewürzt. Mild gewürztes Sugo (Spaghettisauce) mit Faschiertem (Hackfleisch), faschierte Laibchen (Frikadellen) und Wurst werden von den meisten Kindern gern gegessen.

Schinkenwurst sowie auch andere Wurstwaren enthalten zugesetztes Vitamin C, das die Eisenaufnahme überdies verbessert. Es kommt jedoch vor, dass Kinder bestimmte Wurstsorten nicht mögen, weil ihnen die Würzmischung nicht zusagt. Phasenweise lehnen Kinder Fleisch auch ganz ab.

Es ist nicht weiter bedenklich, wenn Ihr Kind zeitweise kein Fleisch essen mag. Das notwendige Eiweiß zum Aufbau der Muskeln erhält es aus Eiern, Fisch, Milchprodukten und Hülsenfrüchten. Fleisch ist allerdings mit großem Abstand die beste Quelle für Eisen. Dies beruht darauf, dass das Eisen im Fleisch in einer Form vorliegt, die vom Körper 3- bis 8-mal besser ausgenutzt werden kann als das Eisen aus pflanzlichen Lebensmitteln.

Eine Möglichkeit, die Ausnutzung des Eisens zu verbessern, ist die gleichzeitige Aufnahme von Vitamin C (z. B. aus Orangen / Apfelsinen, Kiwis, Ribiseln / Johannisbeeren bzw. Paprika, Brokkoli, Karfiol / Blumenkohl, Fenchel, Kohlrabi oder Kohl) gemeinsam mit eisenreicheren pflanzlichen Lebensmitteln. Darüber hinaus verbessern schon **kleine Mengen an Fleisch** in einer Mahlzeit (z. B. ein wenig Faschiertes im Gemüse-Getreide-Laibchen / Bratling) die Aufnahme des schlecht nutzbaren Eisens aus Gemüse oder Getreide. Eine fleischlose Ernährung muss auf der Basis von Vollkorngetreide beruhen (☞ Seite 74). **Als Getreidesorten liefern Hirse, Hafer und Roggen das meiste Eisen.** Wählen Sie deshalb Roggenbrot, Baby- bzw. Kindermüsli und Gerichte aus fein vermahlenem bzw. geschrotetem Vollkorngetreide! Quinoa und Amaranth sind exotischere, ebenfalls eisenreiche Beilagen. Sie stammen aus Südameri-

ka. Auch Hülsenfrüchte (Erbsen, Bohnen, Linsen) bieten eine ausgezeichnete, eisenreiche Ergänzung.

Gemahlene Ölsamen (z. B. Sesam, Sonnenblumenkerne) liefern kleine zusätzliche Eisenrationen. Vergessen Sie aber nicht, die tägliche eisenreiche Mahlzeit mit Vitamin-C-reichem, frischem Obst oder Gemüse bzw. mit Obstsaft (statt mit Milchprodukten) zu kombinieren! Die Vitamin-C-reichen Zutaten verbessern die Aufnahme.

Folgende Speisen decken den Eisenbedarf von 8 mg/Tag eines Kleinkindes:

Eisenreiche Zutaten der Speisen	Eisengehalt
Müsli:	
4 EL (Vollkorn)haferflocken (40 g)	1,8 mg
7 Stück Mandeln, gerieben (10 g)	0,4 mg
100 g Joghurt, dazu Apfel und frische Beeren	0,1 mg
Erbsenreis:	
Vollkornreis, gekocht (100 g)	0,7 mg
1 EL Petersilie, gehackt (3 g)	0,2 mg
1 Portion junge Erbsen (50 g), dazu verdünnter Orangensaft	0,9 mg
Brote mit Apfel-Karotten-Rohkost:	
2 Scheiben Roggenvollkornbrot (je 50 g)	3,3 mg
1/2 geriebene Karotte / Möhre (30 g), dazu 1/2 Apfel	0,6 mg
Summe (entspricht Eisenbedarf 1 – 6 Jahre):	**8 mg/Tag**

Quelle der Nährstoffangaben: B. u. H. Heseker: Nährstoffe in Lebensmitteln, Umschau Verlag 2007.

Kann ich mein Kind vegetarisch ernähren?

Meistens versteht man unter vegetarischer Ernährung, dass man sein Kind fleischlos ernährt. Bei manchen Formen des Vegetarismus wird jedoch auch auf Fisch, Eier bzw. Milch verzichtet. **Je größer die Einschränkungen im Speiseplan, desto eher kann das Kind einen Mangel an Eiweiß, Eisen, Calcium, Magnesium oder Vitamin B$_{12}$ erleiden.** Wenn das Kind auffällig blass, müde, unkonzentriert und leistungsschwach wirkt oder gar offensichtliche Entwicklungsstörungen auftreten, so ist immer an einen möglichen Eisenmangel zu denken und der Eisenspiegel im Blut und der Eisenspeicher (Ferritin) zu untersuchen.
Eisen ist Bestandteil des roten Blutfarbstoffes und verantwortlich für den Transport von Sauerstoff zu den Zellen. Neuere Studien weisen darauf hin, dass bei Kindern und Jugendlichen eine **optimale Gehirnentwicklung von einer ausreichenden Eisenversorgung abhängt.** Bei fleischloser Ernährung über lange Zeit muss der Arzt daher evtl. eine zusätzliche Versorgung mit Eisen (bzw. mit anderen fehlenden Mineralstoffen) anordnen. Es gibt zu diesem Zweck eisenhaltige Säfte, mit Eisen angereicherte Gläschenbreie für Kleinkinder und Eisentropfen. **Prinzipiell spricht nichts gegen eine gemäßigte vegetarische Ernährung im Kleinkindalter.**
Eltern, die ihren Kindern jedoch Einschränkungen bei der Nahrungsauswahl aufbürden, müssen Mehrarbeit bei der Speiseplanung leisten und dafür sorgen, dass im Essen alle wichtigen Nährstoffe in ausreichenden Mengen vorhanden sind. Folgendes sollten Sie besonders berücksichtigen:

• Sie können das **Eiweiß aus den Fleischportionen durch ein weiteres Ei, eine zusätzliche Fischportion und 2 – 4 Extrascheiben Käse pro Woche ersetzen.** Die Kombination von Getreide mit Hülsenfrüchten bzw. mit Milchprodukten oder von Kartoffeln mit Ei liefert auch ohne Fleisch eine gute Eiweißqualität. Daher soll bei allen Mahlzeiten auf geeignete Kombinationen geachtet werden.
Auch Getreide und Buchweizen bilden eine hochwertige Eiweiß-Ergänzung. Zudem liefert Buchweizen eine Reihe wichtiger Mineralstoffe (Kalium, Calcium, Magnesium, Mangan, Kupfer und Eisen).

• Bei einer Unterversorgung mit Eisen kann der Körper zwar bis zu einem gewissen Maß die Fähigkeit verbessern, Eisen aus Lebensmitteln aufzunehmen. Die Voraussetzung ist jedoch, dass **viel eisenreiches Getreide** (Roggen, Hirse, Hafer, Quinoa, Amaranth, Grünkern, Weizenkeimlinge) **und häufig eisenreiches Gemüse** (Erbsen, Soja, Eierschwammerln / Pfifferlinge, Kohl / Wirsing, Spinat, Schwarzwurzeln, Fenchel und Brokkoli) **gemeinsam mit Vitamin-C-reichen Gemüse- oder Obstsorten** gegessen werden. Dabei soll das Kochwasser möglichst mitverwendet werden. Kleinere Mengen Fleisch, Fisch oder Vitamin C in einer Mahlzeit vervierfachen die Ausnutzbarkeit an pflanzlichem Eisen.

Für kleine Vegetarier sind daher Fischgerichte oder Vitamin-C-reiche Kombinationen ideal – z. B. **Brot mit frischem Paprika, Orangensaft zur Getreidespeise oder Müsli mit frischen Früchten**.

• **Lebensmittel und Getränke, die die Eisenaufnahme hemmen,** sollen möglichst vermieden bzw. **mengenmäßig eingeschränkt** werden! Dazu zählen Rhabarber und Spinat wegen der enthaltenen Oxalsäure. **Algenbestandteile,** sogenannte Alginate (z. B. Agar Agar, Carrageen), die als Geliermittel eingesetzt werden und in Puddingpulver, manchen Topfencremen (Quarkspeisen), Joghurts und Speiseeis enthalten sein können, zählen ebenfalls dazu. Auch **Kaffee und Schwarztee (Eistee),** die für Kinder wegen der aufputschenden Inhaltsstoffe nicht geeignet sind, vermindern – zum Essen getrunken – die Eisenaufnahme.

Milchprodukte hemmen ebenfalls die Eisenaufnahme, weshalb diese nicht gleichzeitig mit der täglichen eisenreichen Getreidemahlzeit aufgenommen werden sollen (also nicht Müsli als Eisenquelle bei Vegetariern).

• Im Wachstum ist es für Vegetarier auch wichtig, dass ausreichend **Zink (notwendig zur Zellteilung)** aufgenommen wird. Sie finden dieses in Kürbiskernen, Hülsenfrüchten, Sonnenblumenkernen, grünem Blattgemüse, Mais, Hefeflocken und -aufstrichen, Sesam und Weizenkeimen.

• Achten Sie auf **Vollwertigkeit** in der Ernährung Ihres Kindes! Die sogenannten „Puddingvegetarier", die sich zwar fleischlos, aber hauptsächlich von Süßigkeiten und Fertigprodukten ernähren, sind unausgewogen versorgt.

Darf mein Kind Leber und andere Innereien essen?

Wenn Sie gerne Leber essen, sollten Sie für den Familientisch Schweineleber wählen, da diese viel Eisen enthält. Ihr Kind kann **kleine Mengen** davon mitessen, sofern dies **nicht häufiger als alle zwei Wochen einmal** der Fall ist. Denn in Leber und in anderen Innereien sammeln sich Rückstände von Schadstoffen an. Besonders die Leber von älteren Tieren oder Wild ist damit sehr belastet und daher wenig als Kinderkost geeignet.

Für Kinder soll **ausschließlich Schweine- oder Geflügelleber von jungen Tieren** verwendet werden, da diese niedrigere Schadstoffmengen aufweisen. Aus den gleichen Gründen soll in der Kinderernährung eher Kalb als Rind und eher Lamm als Schaf angeboten werden. Diese sollten **am besten aus biologischer Landwirtschaft** stammen, damit gleichzeitig gesichert ist, dass sie nicht mit wachstumsfördernden Mastmitteln gefüttert wurden.

Leber von Nutztieren kann außerdem stark **überhöhte Mengen an Vitamin A** aufweisen, da dieses vielen Futtermitteln zugesetzt ist und sich in der Leber anreichert. Da Vitamin A zu den fettlöslichen Vitaminen zählt, ist zu viel davon für Ihr Kind schädlich. Leber soll aus all diesen Gründen max. alle 14 Tage auf den Tisch kommen!

Ist Gegrilltes für Kinder gefährlich?

Grillen ist eine beliebte, weil geschmackvolle und fettarme Zubereitungsart. Doch will richtiges Grillen gelernt sein! Am besten verwendet man einen modernen Grill, der von der Seite erhitzt und leicht zu kontrollieren ist. Wer eher die urtümlichen Varianten des Holzkohlengrills und der Lagerfeuerglut liebt, muss nicht nur sich selbst, sondern auch alles Gegrillte **vor Rauch schützen.** Wenn Fleischsaft oder Fett auf die Glut tropft und zu qualmen anfängt, dann enthält der Rauch krebserregende Stoffe, die sich an der Oberfläche des Grillgutes ablagern können. Daher muss eine **Fettauffangschale** verwendet und der Rost des Gartengrills hoch genug angebracht werden, damit weniger Rauch gebildet wird und dieser seitlich abziehen kann, ohne Schaden anzurichten.

Kinder lieben Spießchen oder Würstchen. Geben Sie Spießen mit Gemüsepaprika, Champignons, mild gewürzten Fleischbällchen oder Fleischstückchen den Vorzug. Hier lässt sich beliebtes Gemüse (Maiskolben, Kartof-

felscheiben oder kleine Folienkartoffeln) mit einbinden.

Gegrilltes ist im Allgemeinen fettarm. Servieren Sie dazu kalte Gemüsesaucen oder Joghurt-Kräuter-Dips. So grenzen Sie fettreiche Fertigsaucen ein. Ungeeignet sind Käsewurst und gepökelte Fleischwaren (z. B. Knackwurst, Schinken). Bratwurst ist normalerweise ungepökelt, enthält jedoch wie die meisten Wurstwaren ca. 30 % Fett. Gegrillte Fleischstückchen sind die fettärmere, geeignetere Variante.

Verkohltes und Verbranntes enthält viele Giftstoffe. Bei angebratenem Fleisch müssen unbedingt zumindest alle schwarzen Stellen großzügigst entfernt werden!

Kann ich Huhn oder Truthahn bedenkenlos verwenden?

Geflügel wird von Kindern gerne gegessen. Doch bei Huhn oder Pute ist es enorm wichtig, dass ganz durchgegart wird. Hier können sich sonst Salmonellen, das sind Bakterien, die Durchfall und Erbrechen auslösen, eingenistet haben und vermehren. Bitte kontrollieren Sie in diesem Sinn auch Grill- und Backhenderl (-huhn), die auswärts gegessen werden. **Ist das Muskelfleisch innen am Knochen noch roh, ist dieses ungeeignet – besonders für Kinder!**

Bereiten Sie Geflügel selber zu, so achten Sie bitte darauf, Küchengeräte, die mit rohem Geflügel in Berührung kamen, sofort gründlich unter heißem, fließendem Wasser zu reinigen. Weder verwendete Küchengeräte, noch Auftauflüssigkeit von Geflügel dürfen mit anderen rohen oder bereits gekochten Speisen in Kontakt kommen!

Geben Sie Geflügel beim Auftauen im Kühlschrank immer in einen zusätzlichen Behälter, der die Flüssigkeit auffängt. Auch beim Einkaufen sollten Sie darauf achten, dass Geflügelsaft in der Einkaufstasche nicht auf andere Lebensmittel tropfen kann!

Beim Kochen mit der Mikrowelle ist zu beachten, dass ohne Geflügelautomatik Teile des Geflügels unzureichend erhitzt sein können.
Dadurch ist die Gefahr einer Salmonellenvergiftung Ihres Kindes sehr hoch!

KURZ

- *Pro Woche 4 – 5 handtellergroße Portionen Fleisch oder Wurst!*
- *Mageres Fleisch und Schinken statt fettreicher Wurst!*
- *Innereien & Gegrilltes selten, (halb)rohes Fleisch bzw. Geflügel meiden!*

Regelmäßig Fisch – wichtig für die Gesundheit

Fisch ist ein wichtiges Nahrungsmittel, das zumindest einmal wöchentlich auf den Tisch kommen soll. Denn Fisch ist leicht verdaulich und liefert hochwertiges Eiweiß für das Muskelwachstum Ihres Kindes. Sein Fettanteil liegt deutlich unter dem von Fleischwaren und er enthält die gesundheitsfördernden Fischöle.

Weiters ist Fisch die mit Abstand **wichtigste Nahrungsquelle für Vitamin D,** das den Einbau von Calcium in die Knochen unterstützt. In den Wintermonaten ist es besonders wichtig Fisch anzubieten.

Vitamin D wird nur bei genügend langer Sonneneinstrahlung ausreichend in der Haut gebildet. Ihr Kind sollte dazu idealerweise mind. 10 Min. im Freien spielen oder spazierengehen.

Seefisch (Kabeljau, Scholle, Seelachs und Schellfisch) ist überdies die **bedeutendste Nahrungsquelle für Jod.** Da einzelne Regionen in Österreich und Süddeutschland zu den Jodmangelgebieten zählen und deshalb vor allem in der Steiermark der Kropf (Schilddrüsenvergrößerung aus Jodmangel) sehr häufig war, wird bei uns das Speisesalz jodiert. Durch gesalzene Speisen und durch die wöchentliche Fischportion wird Ihr Kind ausreichend mit Jod versorgt. In Deutschland und der Schweiz ist darauf zu achten, jodiertes Speisesalz zu verwenden.

Abwechselnd mit den täglichen Eier- oder Fleischgerichten soll daher **1- bis 2-mal pro Woche eine handteller- bis handflächengroße Portion** Fisch auf den Tisch kommen. Also gilt:

Alter des Kindes	1 Jahr	2 – 3 Jahre	4 – 6 Jahre
Fisch	25 g/Woche	35 g/Woche	50 g/Woche

Neben Jodsalz ist Meeresfisch die wichtigste Quelle für Jod in unserer Nahrung. Daher darf schon ab dem 2. Lebensjahr pro Woche einmal Seelachs, Kabeljau, Schellfisch, Scholle oder auch ein Süßwasserfisch (Forelle, Saibling, Hecht, Karpfen) serviert werden.

Einige Studien zeigen, dass Kinder mit erhöhtem Allergierisiko bis zum Ende des 2. Lebensjahres noch keinen Meeresfisch erhalten sollen. Entgrätete Süßwasserfische können jedoch bereits gegeben werden.

Neuere Studien sehen in der frühen Gabe von Meeresfisch allerdings keine Gefahr, sodass es der Entscheidung der Eltern überlassen bleibt, ab wann Fisch angeboten wird.

Achtung: *Roher Fisch (Sushi) ist für Kleinkinder nicht geeignet! Er kann Listerien enthalten.*

Beachten Sie bei der Gabe von Fisch alle Sicherheitsmaßnahmen hinsichtlich der **Gräten!** Oft ist es die Angst vor Gräten, die Eltern davor zurückschrecken lässt, ihren Kindern Fisch anzubieten. Speziell bei Filets vom Seelachs, Rotbarsch oder Kabeljau lassen sich die Gräten jedoch sehr gut durch **Abtasten erkennen und (evtl. unter Zuhilfenahme einer speziell dafür vorgesehenen Pinzette) entfernen.**

Zerteilen Sie das Fischfilet in mundgerechte Würfel. Ihr Kind soll – wie bei allen Speisen – gut kauen. Lassen Sie beim Essen ausreichend Zeit dazu!

Achten Sie beim Einkauf von Fisch auf das MSC-Siegel. Es signalisiert nachhaltigen Fischfang (www.msc.org).

Mein Kind mag nur Fischstäbchen ...

Fischstäbchen sind deshalb so beliebt, weil sich der Fisch darin gut „versteckt" und vielen Kindern der Geschmack so am liebsten ist. Wenn Kinder gerne Fischstäbchen essen, sollten Sie diese im Haushalt nicht in Fett braten, sondern im Backrohr auf einem mit Backpapier belegten Backblech erhitzen, damit die Brösel (das Paniermehl) der Panade nicht noch zusätzlich Fett aufnehmen! Dadurch machen Sie auch industriell gefertigte Fischstäbchen zu einer akzeptablen Variante, Fisch in den Wochenspeiseplan einzubinden. Rechnen Sie aber mit einer Zubereitungszeit von 20 bis 30 Minuten!

Als Alternative zu Fischstäbchen bieten sich mild geräuchertes Forellenfilet, Thunfischpizza oder eines der Rezepte, z. B. der „Fischburger" aus unserem Buch *„Pfiffige Rezepte für kleine und große Leute"* (☞ weiterführende Literatur), an. Außerdem lässt sich Fisch in Fischaufstrichen optisch gut verbergen. Bei häufigem Fischstäbchenkonsum soll auf andere Speisen mit Panade (gebackenes Gemüse, Backhenderl / -hähnchen, Schnitzel) möglichst verzichtet werden! Insgesamt sollen diese bzw. Fischstäbchen nur einmal pro Woche auf dem Speiseplan stehen.

Die Vorbildwirkung der Eltern spielt eine große Rolle für die Akzeptanz von Fisch. Sind Frischfische bzw. tiefgekühlte Fischfilets auf dem Familientisch eine Selbstverständlichkeit, kann es beim ersten Fischstäbchen auch zu der Frage *„Wo ist denn der Schwanz vom Fisch?"* kommen.

Sind Meeresfische stark mit Schadstoffen belastet?

Die Zeiten, als die Meere noch rein und unverschmutzt waren, sind schon lange vorbei. Doch trotz der Rückstände an Schwermetallen stellt Fisch eines der wertvollsten Lebensmittel dar.

Fettreiche Seefische (Thunfisch, Heilbutt) sind auf Grund ihres Fettgehaltes stärker mit Schadstoffen belastet als die fettarme Scholle.

Andererseits enthalten gerade diese Fische mehr an wertvollen **Fischölen.** Fischöle sind sehr hochwertige Fettbestandteile, die vor Herzinfarkt in späteren Jahren schützen. Deshalb ist Herzinfarkt bei den Eskimos eine äußerst seltene Todesursache, während sie in Europa an erster Stelle steht.

Wählen Sie Thunfisch in Salzwasser statt in Öl, wenn Sie Dosen verwenden wollen. Ein Teil der Schadstoffe bleibt damit in der Flüssigkeit statt im Fisch. Nehmen Sie nicht ausschließlich Dosenfisch für die Ernährung Ihres Kindes, sondern greifen Sie auch zu Tiefkühl- und Frischfisch.

Insgesamt überwiegen die Vorteile von Fisch, er soll wöchentlich 1- bis 2-mal auf den Tisch kommen. Da die Schadstoffbelastung mit dem Herkunftsgebiet zusammenhängt, ist es sinnvoll, die Sorten manchmal abzuwechseln.

Seelachs im Gemüsebett, Thunfisch-Sugo (Sauce) zu jeder Art von Teigwaren und Kabeljau im Fischburger lassen sich mit geräucherter heimischer Forelle als Brotbelag oder mit einem Stück vom Hecht abwechseln.

Darf mein Kind schon Partybrötchen mit Meeresfrüchten essen?

Partybrötchen sind nicht die Idealnahrung für Ihr Kind. Die Qualität gekaufter Partybrötchen kann sehr unterschiedlich sein. Wenn die Brötchen nicht mehr ganz frisch sind, kann es zu hygienischen Problemen kommen.

Vor allem Brötchen mit Mayonnaise sind dahingehend nicht unbedenklich und außerdem wegen des hohen Fettgehaltes nicht geeignet.

Shrimps und Muscheln weisen nicht nur große Mengen Cholesterin auf, sondern sind auch häufig Auslöser von Lebensmittelvergiftungen und Allergien. **Falscher Lachs und Kaviar** werden mit hohen Mengen an Farbzusatz hergestellt und sind außerdem zu stark gesalzen, um als Kinderkost geeignet zu sein. Halten Sie sich auf Partys bei der Auswahl an Brötchen daher eher an solche mit Aufstrichen aus Topfen (Quark).

- *Pro Woche 1 – 2 handflächengroße Portionen Fisch!*
- *Auswahl: Süßwasserfisch und Meeresfisch, Tiefkühlfisch bzw. Fischstäbchen*
- *Achtung: Gräten entfernen! Rohen Fisch & Meeresfrüchte vermeiden!*

Eier – wertvoll, aber selten

Eier zählen zu den hochwertigen, eiweißreichen Lebensmitteln. Sie enthalten viele wichtige Mineralstoffe und fettlösliche Vitamine. Im Dotter befinden sich auch größere Mengen an Cholesterin, das als Bausubstanz für Zellwände im Wachstum von Bedeutung ist, aber bei manchen Kindern zu erhöhten Blutfettwerten führen kann. Deshalb sollen Eier nur in Maßen gegessen werden. Abwechselnd mit Fleisch und Fisch empfiehlt es sich, dass sie nur eine Portion pro Tag ausmachen (☞ 6–5–4–3–2–1-Regel).

Somit wird nur ein Eiergericht (weiches Ei, Spiegelei, Eierspeise / Rührei) pro Woche empfohlen. Beachten Sie vor allem, dass Eier in Kuchen, Keksen und Backwaren, in Aufläufen, Knödeln (Klöße) und Eierteigwaren sowie in Mayonnaise und anderen Saucen enthalten sind.

Alter des Kindes	1 Jahr	2 – 3 Jahre	4 – 6 Jahre
Eier	1 – 2 Stk./Woche	1 – 2 Stk./Woche	2 Stk./Woche

Was muss ich beim Einkauf von Eiern beachten?

Seit 2004 sind neue EU-Kennzeichnungsvorschriften für Hühnereier in Kraft. Sie geben Auskunft über die Haltungsform der Legehennen, das Erzeugerland sowie den Erzeugerbetrieb.
In den meisten Fällen wird dies in Form eines Codes auf das Ei selbst gestempelt. Die erste Ziffer entschlüsselt die Haltungsform:

0 ... aus biologischem Landbau
1 ... aus Freilandhaltung
2 ... aus Bodenhaltung
3 ... aus Käfighaltung

Die darauffolgenden zwei Buchstaben kodieren das Land (AT für Österreich, DE für Deutschland). Darauf folgt die Betriebsnummer des Legebetriebes.

Zusätzlich ist auf jedem einzelnen Ei meist auch noch das Mindesthaltbarkeitsdatum angegeben.

Wie kann ich bei Speisen aus Eiern Salmonellen vermeiden?

Immer wieder taucht im Zusammenhang mit Eiern die Frage nach der Gefährdung durch Salmonellen auf. Diese Bakterien hat man früher nur auf der Eischale vermutet. Sie können aber die Eierstöcke der Hühner befallen und in der Folge innerhalb der rohen Eier zu finden sein. Sie überleben dann an der Grenze zwischen Eigelb und Eiklar.

Ob nun ein Ei viel, wenig oder gar keine Salmonellen enthält, können Sie weder sehen, noch riechen. Daher sollten Sie zum Schutz Ihres Kindes folgende Hinweise beachten:

• **Kaufen Sie Eier möglichst nach Bedarf,** sodass diese nicht lange im Kühlschrank lagern!

• **Salmonellen werden bei 70 °C abgetötet.** Beachten Sie, dass Speisen mit Eiern (Aufläufe, Pizzen mit Ei drauf) ausreichend erhitzt werden!

• **Braten Sie Spiegeleier von beiden Seiten** (oder mit Deckel) und achten Sie darauf, dass das Eiklar immer gestockt ist!

• **Vermeiden Sie Speisen, die rohe Eier enthalten** (z. B. Cremen, Tiramisu, Mayonnaise) und lassen Sie kleine Kinder nicht von rohem, eihaltigem Kuchenteig kosten!

• Selbst in über Dampf geschlagenen Cremen und Saucen werden Salmonellen nicht abgetötet. Verzichten Sie in der Kinderkost darauf!

• Verwenden Sie **Wischtücher,** die mit rohen Eiern oder Geflügelsaft in Verbindung kamen, nicht weiter! Diese gehören **bei über 70 °C gewaschen**.

Geben Sie bei Spiegeleiern darauf Acht, diese von beiden Seiten anzubraten. Beim weichen Ei muss das Ei mind. 4 Minuten gekocht werden, damit das gesamte Eiklar gestockt und höchstens der Dotter „kernweich" ist. Erst dann haben Salmonellen keine Chance.

• Stellen Sie abgespülte **Schneidbretter,** auf denen sich Salmonellen befinden können, **möglichst zusätzlich in den Geschirrspüler.** Dadurch wird eine ausreichende Erhitzung gewährleistet.

Wie erkenne ich Lebensmittelvergiftungen?

Auch bei Kindern hört man immer wieder von Lebensmittelvergiftungen. Sie äußern sich durch Erbrechen, Durchfall und Kopfschmerzen und treten nach Mahlzeiten auf.
Die häufigsten Lebensmittelvergiftungen werden durch 3 Bakterien hervorgerufen: Campylobacter, Staphylococcus aureus und Salmomellen. Letztere sind zwar die bekanntesten, aber nicht die häufigsten Verursacher von Erkrankungen. Im Folgenden ein kurzer Steckbrief der Erreger.

Campylobacter
Sie sind die häufigsten Auslöser für Lebensmittelvergiftungen.

Wegen der Ansteckungsgefahr besteht hier nicht nur Meldepflicht, sondern auch ein Verbot, den Kindergarten zu besuchen. Von der Aufnahme des verdorbenen Lebensmittels bis zum Ausbruch der Krankheit dauert es 2–7 Tage. Symptome sind blutig-schleimiger Durchfall, Erbrechen, Fieber, Magendarmkräpfe, Kopfschmerzen und Schlaflosigkeit. Oft sind (halb)rohes Fleisch oder Geflügel bzw. Rohmilch die Ursache. Die Erkrankungsdauer beträgt etwa 7 Tage. Gehen Sie zum Arzt!

Staphylococcus aureus

Bei dieser Lebensmittelvergiftung reagiert der Körper auf die Giftstoffe, die das Bakterium bildet. Dieses gelangt durch Übertragung bei Entzündungen an Händen, Schleimhäuten und Rachen vor dem Verzehr auf die Speisen. Der Körper reagiert darauf nach 1–7 Stunden mit Erbrechen, Kollaps oder Schock bzw. Durchfall für die Dauer von 1–2 Tagen. Gehen Sie zum Arzt!

Salmonellen

Nach dem Verzehr von (halb)rohen Lebensmitteln oder Eiergerichten (Saucen, Mayonnaise) dauert es 1–7 Stunden bis Erbrechen, Schüttelfrost bzw. fieberhafte Darmentzündungen auftreten. Die Erkrankung kann 1–2 Wochen dauern. Gehen Sie zum Arzt!

- *Pro Woche 1–2 Portionen (Stück) Eier!*
- *Insgesamt: Eierspeisen & eierhältigen Speisen (Kuchen, Auflauf, Süßes)*
- *Achtung: Ausreichend erhitzen wegen Salmonellengefahr!*

Nüsse, Öle, Streichfette –
wenig, aber von guter Qualität

Für Ihr Kind spielen Fette und Fettlieferanten vor allem als Energieträger eine wichtige Rolle. Extremes Einsparen von Fett ist also nicht angesagt, übermäßiges Anreichern allerdings auch nicht! Die Mengen an Fett, die Ihr Kind benötigt, sind nicht sehr groß, denn Fett ist der kompakteste, dichteste Energieträger, der uns zur Verfügung steht. Es enthält etwa doppelt so viel Energie wie Stärke oder Eiweiß. Daher reicht je nach Alter eine Portion von insgesamt 3, 4 bzw. 5 TL à 5 g täglich, um das Kind ausreichend zu versorgen.

Alter des Kindes	1 Jahr	2 – 3 Jahre	4 – 6 Jahre
Nüsse, Öle, Fette	15 g/Tag	20 g/Tag	25 g/Tag

Nahrungsfette können entweder aus pflanzlichen (aus Ölen, Nüssen, Keimen etc.) oder aus tierischen Lebensmitteln (aus Speck, Butter etc.) stammen.
Pflanzliche Öle, Nüsse und Samen enthalten spezielle Fettbestandteile, die der Körper als Bausubstanz für die Zellen und als Botenstoffe im Stoffwechsel benötigt. Diese sogenannten „essentiellen Fettsäuren" (z. B. Linolsäure) sind vor allem für Kinder im Wachstum ein wichtiger Teil der Nahrung. Sie sind in tierischen Fetten (☞ Butter) in viel geringerem Umfang enthalten. **Daher sollte mind. 1/3 der täglichen Fettmenge aus pflanzlicher Quelle kommen –** das bedeutet pro Tag ca. 1 – 2 TL Pflanzenöl oder ca. 2 – 3 TL Nüsse, Mandeln bzw. Samen!
Gemeinsam mit dem Fett werden **fettlösliche Vitamine und Aromastoffe** aufgenommen. Fettlösliche Vitamine (Vitamin A, E, D und K) spielen eine wichtige Rolle für die Sehkraft, als Krebsschutzstoff, beim Aufbau der Knochen und als Blutgerinnungsfaktor.
Speisen, die mit etwas Fett zubereitet werden, schmecken oft intensiver, denn viele geschmacksgebende Stoffe in den Lebensmitteln sind fettlöslich. Doch in der traditionellen Ernährung, der Hausmannskost, wird gern etwas zu viel des Guten getan. Frittiertes, Paniertes und Herausgebackenes liefern mehr Energie, als benötigt wird. Größere Mengen an Fett verstecken sich auch in vielen fertig zubereiteten Nahrungsmitteln (Kuchen, Schokolade, Keksen, Saucen, Fertiggerichten, Knabbergebäck).
Ist fettreich Zubereitetes mehrmals wöchentlich auf dem Speiseplan, kann

es – auch im Kindesalter – zu Übergewicht kommen.

Die aufgenommene Fettmenge in frittierten Speisen hängt von der Oberfläche des Lebensmittels ab – z. B. nehmen klein zerteilte Lebensmittel mehr Fett auf als ganze. Panierte Lebensmittel (Fischstäbchen, Wiener Schnitzel, Backhenderl (-hähnchen) oder paniertes Gemüse) saugen mehr Fett auf als unpanierte.

So kommt es, dass hauchdünne **Kartoffelchips** einen Fettgehalt von etwa 33 % aufweisen, während gekochte oder in Folie gebackene Erdäpfel (Kartoffeln) praktisch fettfrei sind. Die bei Kindern so beliebten Pommes frites enthalten etwa 15 % Fett – wobei dieser Wert nur erreicht wird, wenn die Pommes frites in das schon erhitzte Fett gelegt werden, sodass sich die Poren der Kartoffeln schnell schließen können und „wenig" Fett aufnehmen.

Frittierte oder in Fett herausgebackene Speisen sollen Kinder daher max. einmal pro Woche essen. Ziehen Sie in Folie oder im Rohr (Ofen) Gebackenes, Gegrilltes bzw. in wenig Fett nur kurz Angebratenes vor! Lassen Sie in Öl frittierte Speisen auf einem Gitter oder auf Papier abtropfen, sodass der Fettanteil geringer wird!

Nüsse liefern wertvolle Vitamine und Mineralstoffe (Magnesium, Kalium, Eisen), aber sie sind eine der häufigsten Ursachen für Unfälle durch Verschlucken bei Kleinkindern. Achten Sie deshalb immer darauf, dass die Nüsse fein vermahlen oder dass die Kinder beim Essen der Nüsse gut beaufsichtigt sind!

Achtung Allergie!
Von Nüssen ist bekannt, dass sie häufig Allergien auslösen. Eine nussfreie Ernährung wird von manchen Allergieexperten im 2. Lebensjahr für sinnvoll erachtet. Da Allergien speziell auf Haselnuss (Kreuzreaktionen mit rohem Apfel und Birkenpollen) und Erdnuss häufig anzutreffen sind, sollen diese bei Kindern mit hohem Allergierisiko – meines Erachtens – auch im 2. Lebensjahr noch vermieden werden.
Hier ist besonders tückisch, dass in fast allen Schokoladesorten kleine Mengen an Nüssen beigemengt sein können.
Ab 2 % muss der Zusatz lt. Allergenkennzeichnung deklariert sein, ansonsten steht auf dem Etikett, dass sie Spuren von Nüssen enthalten können.

Was ist besser – Butter oder Margarine?

Vielfach fragen Mütter, ob sie ihren Kindern lieber Butter oder Margarine auf das Brot streichen sollen. In Bezug auf die Fettmenge macht dies keinen Unterschied, denn sowohl Butter als auch Margarine bestehen zu etwa 80 % aus Fett – der Rest ist hauptsächlich Wasser. Beide enthalten fettlösliche Vitamine. **Wichtig ist, dass die Menge beider Streichfette** immer im angegebenen Rahmen bleibt – also **nicht mehr als 1 – 2 TL pro Tag ausmacht!**

Butter ist teurer, aber das natürlichere Produkt, weshalb ich persönlich sie vorziehe. Butter ist, wie jedes Milchfett, besonders leicht verdaulich, enthält aber keine großen Mengen an essentiellen Fettsäuren und muss in der Ernährung durch Pflanzenöl und Nüsse ergänzt werden. Vielfach wird die Wahl von Butter als Streichfett auf Grund des typischen Geschmacks getroffen.

Margarine wurde in Kriegszeiten als preisgünstiger Butterersatz entwickelt. Sie enthält zumeist Milchpulver und besteht hauptsächlich aus pflanzlichen Fetten, die zum Teil gehärtet werden. Dabei entstehen größere Mengen gesundheitlich bedenklicher **Transfettsäuren.** Auch in Butter sind Transfettsäuren enthalten – allerdings geringere Mengen. Bei Margarine gibt es große Unterschiede zwischen den einzelnen Sorten und Marken.
Für Kuhmilchallergiker gibt es milchfreie Sorten, für Übergewichtige die sogenannten „Minarinen" (Halbfettmargarinen), die ich aber in der Kinderernährung nicht empfehle.
Auch die altbekannte „Diätmargarine" ist nicht zur Gewichtsreduktion geeignet, da sie etwa gleich viel Kalorien und Fett wie normale Margarine enthält.

Noch ein Hinweis zu Nüssen:
Bittermandeln enthalten eine Blausäureverbindung, die für Kinder hochgiftig ist. Im Handel sind nur Süßmandeln erhältlich, vereinzelt sind darin jedoch etwas bitterere Mandeln enthalten. Diese sind meist an einer dunkleren Farbe und an der flacheren, größeren Form erkennbar. Kinder spucken diese Mandeln normalerweise sofort wegen des bitteren Geschmacks aus. Sie sollten den Mund danach immer zur Reinigung mit Wasser spülen!

Doch bietet sie mehr „essentielle Fettsäuren", sodass Sie „Diätmargarine" für die Ernährung Ihres Kindes vorziehen sollten, wenn Sie Margarine verwenden wollen.

Kann ich kaltgepresste Öle verwenden?

Ja! Kaltgepresste Öle enthalten neben essentiellen Fettsäuren besonders viele fettlösliche Vitamine. Ab dem Kleinkindalter sollen Sie deshalb kaltgepresste Öle für Salat- und Rohkost verwenden. Zum Anbraten eignen sie sich allerdings weniger, da sie auf Grund der Reste an Ölfrucht (Oliven, Sonnenblumenkernen) beim Erhitzen rasch zu rauchen beginnen. Dabei bilden sich krebserregende Stoffe.

Welches Fett ist zum Anbraten geeignet?

Früher wurde zum Anbraten und Herausbacken hauptsächlich Schweine-
schmalz verwendet. Für kurzes Anbraten soll jedoch besser ein gereinigtes,
warmgepresstes Öl (z. B. Rapsöl) verwendet werden, da es noch hochwertige Fettsäuren enthält. Soll höher erhitzt werden (beim Frittieren oder
Herausbacken), so ist ein spezielles
Frittieröl, Erdnussöl oder Kokosfett zu
verwenden.

Unter den pflanzlichen Fettlieferanten
bildet Kokosfett eine Ausnahme. Es ist
fest und kann hoch erhitzt werden. Im
Gegensatz zu anderen pflanzlichen
Fetten ist es jedoch keine gute Quelle
für essentielle Fettsäuren.

Sind Haselnüsse, Kürbiskerne oder Kokosflocken besser?

Nüsse beinhalten je nach Sorte 50-
75 % hochwertiges pflanzliches Fett,
daher können sie zur Ölerzeugung genutzt werden. Dementsprechend kann

1 EL Öl (10 g) in etwa durch 1 – 2 EL Nüsse oder Samen (15 – 20 g) ersetzt werden. Außerdem bieten sie dem Körper
wichtiges Vitamin E.

Kürbiskerne und Kokosflocken weisen
eine Besonderheit auf.
In Kürbiskernen versteckt sich das Spurenelement **Chrom,** das im Zuckerstoff-
wechsel eine wichtige Rolle spielt. In
der Kokosnuss ist sehr viel **Selen,** ein
Spurenelement, das in der richtigen
Menge ein wirksamer Schutzstoff gegen Krebs und Herzinfarkt ist. Der österreichische Boden ist selenarm und
somit enthalten heimische (wie die
meisten anderen europäischen) Lebensmittel zu wenig Selen.
Pro Woche reichen 1 – 3 TL Kokosflocken
im Joghurt, Müsli, Dessert oder ca. eine
Scheibe Kokoskuchen, um Ihr Kind ausreichend mit Selen zu versorgen. Das
aus Kokosnuss gewonnene Fett ist fester als Butter, weil es weniger essentielle Fettsäuren enthält. **Daher sind 2 TL
Kokosflocken wie 1 TL ☞ Butter oder
Margarine zu rechnen.**

Kann ich für mein Kind Kernöl verwenden?

In Österreich ist Öl aus Kürbiskernen
eine Spezialität. Manche Kinder lehnen
das Öl auf Grund der dunkelgrünen
Farbe und des Geschmackes ab, andere
essen Salat nur mit Kernöl. Für Kleinkinder kann man Kernöl prinzipiell wie
jedes andere, hochwertige Salatöl in
Maßen verwenden. Es eignet sich je-

doch nicht zum Erhitzen und hinterlässt ziemliche Flecken, die nur zu entfernen sind, wenn man die Kleidungsstücke – ohne vorher zu waschen – in die Sonne legt.

Sind Mohnkuchen und Hanfbrot unbedenklich?

Mohn- und Hanfsamen selbst verfügen nicht über Inhaltsstoffe, die Rauschzustände hervorrufen können. In den Mohnkapseln und in den Hüllblättern des Hanfsamens sind jedoch Rauschsubstanzen enthalten, die bei der Ernte in Spuren auch auf die Samen gelangen können. Die Mengen können sehr unterschiedlich sein!

Bei Hanfprodukten ist bisher nicht geklärt, wie viel davon in handelsüblichen Hanfsamen oder in Hanföl enthalten ist. Daher sollen Hanfschokolade, Hanfbrot oder Hanf-Lollis nur gelegentlich und „in den für Kinder üblichen Mengen", also im Rahmen der empfohlenen Mengen für Süßes, verwendet werden.

Im Gegensatz zu Hanf, der erst seit Kurzem auf Grund neuer Züchtungen als Lebensmittel verwendet wird, hat der Gebrauch von Mohn in der österreichischen Küche schon lange Tradition. Mohnweckerln (-brötchen), Mohnnudeln und -kuchen sind vor allem aus der Waldviertler Küche nicht wegzudenken und enthalten außerdem sehr viel Eisen.

Um eine therapeutische Dosis an Morphium zu erreichen, müsste ein 4- bis 6-jähriges Kind mit einem Körpergewicht von 19 kg etwa 3 EL (30 g) an Mohnsamen – mit durchschnittlichem Opiatgehalt, der ja je nach Ernte und Sorte unterschiedlich sein kann – zu sich nehmen.

Zum Vergleich: Eine Portion Mohnnudeln laut unserem pfiffigen Rezeptbuch enthält 2,5 g, ein Mohnweckerl (Mohnbrötchen) 2 – 5 g und ein Stück Mohnkuchen (mit einem Gewicht von 50 g) je nach Rezeptur zwischen 5 und 30 g Mohn. **Die Mengen auf Mohngebäck oder in Mohnnudeln sind daher unbedenklich, während es bei Mohnkuchen sehr wohl auf die Rezeptur und die Portionsgröße ankommt.** Ab und zu eine Scheibe Mohnkuchen in einer gemischten Kost kann bei Kindern durchaus akzeptiert werden. Vermeiden Sie jedoch Tageshäufungen, wie Mohnnudeln und Mohnkuchen am selben Tag!

KURZ

- *Täglich 2 kleine Portionen Fette & Öle zu je ca. einem Esslöffel!*
- *Auswahl: Planzenöl, Butter, Margarine, Nüsse, Samen*
- *Achtung: Mohnmenge einschränken!*

Sparsam: Süßigkeiten und Knabbereien

Auch im 2. Lebensjahr können und sollen zuckerhaltiger „Kindertee", Schleckereien und süße Fertigprodukte möglichst vermieden werden.

Doch Süßigkeiten und Zucker sind aus der Ernährung von Kindern auf Dauer nicht gänzlich wegzudenken, da Süßigkeiten als Mitbringsel bzw. im Kindergarten sehr gefragt sind und fast alle Kinder Süßes gern mögen.

Desserts, Fruchtjoghurts, Getränke und Backwaren sind nicht nur (extrem) mit Zucker gesüßt, sondern locken auch noch mit bunten Verpackungen und lustigen **Beigaben.**

Kleinere Kinder fühlen sich hauptsächlich davon angezogen und sind am Auspacken und an den Aufklebern und Sammelspielzeugen oft mehr interessiert als am süßen Inhalt. So kann das Aufreißen von Eispackungen attraktiver sein, als die kühlen Köstlichkeiten tatsächlich zu verzehren. Schokolinsen mit buntem Zuckerguss und Gummibärchen sind vorrangig als Spielzeug interessant, weil sich daraus so schön Reihen, Gruppen, Muster, Bilder und Tortendekorationen formen lassen. Ab und zu verschwindet dann natürlich auch ein Stück im Mund, aber das soll nicht überbewertet werden.

Die maximale tägliche Menge an Süßigkeiten oder an fettreichen Knabbereien soll in eine Kinderhand passen. Dies ist ein handhabbares Augenmaß, das auch ein Glas gesüßter ☞ Getränke bedeuten kann. Anhand der geduldeten Kalorien sieht man, dass Süßes (inklusive Getränke) und Knabbereien maximal 10 % der Tagesenergiemenge ausmachen sollen (Vergleiche Seite 17).

Alter des Kindes	1 Jahr	2 – 3 Jahre	4 – 6 Jahre
Geduldete Lebensmittel	90 kcal/Tag	110 kcal/Tag	140 kcal/Tag

Die **„geduldete" Tagesmenge** – bei Kuchen und bei Süßigkeiten kann man wohl nicht von „empfohlener Menge" sprechen – entspricht im Alter von 1 – 3 Jahren umgerechnet etwa 1/2 Scheibe Kuchen bzw. im Vorschulalter einer Scheibe. Stattdessen könnten Sie auch je nach Alter des Kindes wahlweise 2 bzw. 4 Stückchen Schokolade, Biskot-ten (Löffelbiscuit), Vollkornkekse oder ein paar Bonbons zulassen. Oder Sie erlauben 8, 12 bzw. 16 Gummibärchen – möglichst BIO-Gummibärchen, die sind zwar teurer, aber auf natürliche Weise gefärbt. Dazu kommen 1 – 2 TL Zucker (5 – 10 g), die für warme Getränke verwendet werden können. Diese Zuckermenge verbirgt sich aber häufig schon im Kakaogetränk (3 TL Instant-pulver) oder in anderen schwach ge-süßten Getränken. Der süße Kindertee, wie er leider in manchen Kindergärten noch immer serviert wird, deckt meist schon die gesamte Tagesmenge an Sü-ßem – inkl. Süßigkeiten! – ab. Daher ist dies auf jeden Fall eine Diskussion mit den Verantwortlichen wert! Vielleicht lässt sich durch Ihre Bitte das Angebot zumindest auf Teekrüge mit unter-schiedlichen Süßmengen und auf ei-nen (evtl. von Ihnen zur Verfügung ge-stellten) bunten Krug mit Wasser er-weitern.

Konfekt und Backwaren (z. B. Ti-ramisu, Punschkrapfen), die Al-kohol enthalten, sind als Süß-speisen keinesfalls für Kinder ge-eignet!

Die **Vorbildwirkung der Eltern** spielt in Sachen Süßes eine große Rolle. Lieben die Eltern offensichtlich Süßes, weiß der Nachwuchs schon bald, dass er nur lange genug bitten muss, um an die süßen Reserven zu kommen. Kinder haben oft ein allzu gutes Gedächtnis dafür, was tags zuvor im Einkaufskorb gelandet ist!
Viele Eltern haben Bedenken, wenn sie den Konsum von Süßigkeiten zulassen. Da sie trotzdem nicht umhinkönnen, Süßes zu erlauben, belasten die Gewis-sensbisse nur die emotionale Situati-on. Trennen Sie sich von der Vorstel-lung, dass es sich dabei um „schädliche"

Lebensmittel handelt! **Es gibt kein Le-bensmittel, das für sich genommen nur gut oder nur schlecht wäre.** Im Wesentlichen kommt es immer darauf an, welche Mengen im Durchschnitt gegessen werden und wie die Nah-rungspalette des gesamten Tages zu-sammengesetzt ist. Sie punkten auf jeden Fall mit einem bewusst ausge-wählten Angebot.
Strikte Verbote von Süßem sind in der Regel **wenig sinnvoll,** weil sie Kinder umso mehr dazu veranlassen, nach Sü-ßem zu verlangen. Aus psychologischer Sicht ist es auch wenig empfehlens-wert, jeden süßigkeitsfreien Tag mit Geld zu belohnen, weil dadurch Süßig-keiten einen hohen Wert und eine über-große Aufmerksamkeit bekommen.

Die Menge an Süßigkeiten soll auf ein vernünftiges Maß eingeschränkt wer-den, damit Karies und Übergewicht nicht Vorschub geleistet wird. Am bes-ten ist es, man betrachtet auch **Zucker** im Haushalt **als Gewürz** und setzt ihn dementsprechend sparsam ein. Wenn in den ersten Lebensjahren nur wenig gesüßt wird, ist dies zumindest für die Milchzähne ein guter Schutz und die Prägung auf allzu süßen Geschmack kann häufig vermieden werden.

Wie kann ich die Zähne meines Kindes schonen?

Häufig **süße Getränke** und ununter-brochenes **Bonbonlutschen** richten an den Zähnen den **größten Schaden** an, weil so die Verweildauer von Zucker im Mund lang ist. Die Statistiken zeigen, dass die unerwünschten Folgen nicht auf sich warten lassen. Etwa 50 % der Dreijährigen und 90 % der österreichischen Schulanfänger haben bereits Karies! Dabei ließen sich die Schmerzen beim Zahnarzt bei fast allen Kindern bis nach der Volksschulzeit vermeiden. Beschränken Sie Süßes daher möglichst auf Desserts nach einer Mahlzeit, da Süßigkeiten – zwischendurch gereicht – für die Zähne die größere Gefahr darstellen. Allerdings ist eine zeitlich begrenzte, **süße Zwischenmahlzeit mit nachfolgender Zahnhygiene** deutlich **zahnschonender** als laufender Genuss von Zuckerln (Bonbons) oder Gummibärchen.

Die richtige Zahnpflege ist für Süßspechte besonders wichtig! Morgens sollen die Zähne vor oder noch besser nach dem Frühstück mit einer weichen Kinderzahnbürste geputzt werden.

Noch wesentlicher ist die gründliche Reinigung abends – ca. 1/2 Stunde nach dem Abendessen, da diese den Zahnschutz für die ganze Nacht bewirkt. Während des Tages sollten Sie den Mund nach jeder Mahlzeit mit Wasser ausspülen lassen.

Stattdessen kann auch 1/2 Stunde nach dem Verzehr von Süßem 5 – 10 Min. (nicht kürzer und nicht länger!) mit einem möglichst zuckerfreien Kaugummi die Speichelproduktion und somit die Zahnreinigung angeregt werden. Diese Variante ist vor allem in der Zeit des „Selber-Zähne-putzen-Lernens" eine wertvolle Ergänzung.

Sind spezielle Süßigkeiten für Kinder gesund?

Eine Studie des Institutes für angewandte Verbraucherforschung in Köln zeigt, dass etwa 35 % der Käufer von Kinderlebensmitteln glauben, dass Sie Ihren Kinder damit etwas besonders Gutes tun. Kinder brauchen generell keine „Extra-Lebensmittel" für ihre Gesundheit! **Trotz aller Gesundheitsbeteuerungen der Hersteller versteckt sich hinter diesen Werbeversprechungen nur etwas Süßes.**

Müsliriegel „mit Honig" sind und bleiben eine Süßigkeit, Limonaden mit „Vitamin C" sind trotz Vitamin-Anreicherung nicht mit Fruchtsäften vergleichbar. Kindermilchschokolade, weiße Schokolade oder Milchspeiseeis liefern nur eine kleine Menge an Calcium und sind als einzige Calciumquelle nicht ausreichend.

Zwar sind in 100 g Schokolade für Kinder so viel Eiweiß und Calcium wie in 1/3 l Milch enthalten, aber gleichzeitig liefert sie 3-mal (!!!) mehr Energie als die Milchportion „natur", weil sie viel Kakaobutter und Zucker enthält. Im Vergleich zu anderen Schokoladearten schneidet Kinderschokolade besser ab. Aber Schokolade wird nicht automatisch deshalb ein „gesundes" Produkt, weil besonders viel Milch „hineingezwängt" wird!

Die Extraportion Milch in der vielbeschworenen „Schnitte mit der Milch" für Kinder beschränkt sich auf ca. 1 EL Milch (!!!). Dies täuscht viele darüber hinweg, dass es sich dabei eindeutig nur um eine Süßigkeit und weder um eine Brotschnitte noch um eine empfehlenswerte Milchration handelt. Hier wird hauptsächlich mit der Erwartung der Eltern und Großeltern ein gutes Geschäft gemacht, die glauben, wo *„Kind draufsteht, muss was G´sundes für die Kleinen drin sein".*

Was soll ich tun, mein Kind hat immer Heißhunger auf Süßes?

Fehlt Ihrem Kind die gleichmäßige Energie aus hochwertigen Getreideprodukten, kann es sehr schnell in ein „Energieloch" fallen. Als „Notreaktion" entwickelt der Körper Heißhunger auf Süßigkeiten. In diesem Fall sollten Sie **bei allen 3 Hauptmahlzeiten und bei einer der 2 Zwischenmahlzeiten verstärkt auf den Anteil an Kartoffeln, Getreide oder -produkten zu achten!**

Stärke aus Getreideprodukten ist unser wichtigster Energielieferant. Sie wird im Darm nur langsam in ihre Bausteine (Traubenzucker) zerlegt. Schon beim gründlichen Kauen beginnt die Aufspaltung im Mund. Wer ein Stück Brot länger kaut, bemerkt dies rasch. Stärkereiche Nahrung hält den Blutzuckerspiegel relativ konstant, da Stärke nur allmählich in die Blutbahn gelangt. **Getreidegerichte halten also länger satt als Zucker und Süßigkeiten und sind „stärkend",** während Süßes plötzlich Energie liefert und dann zu einem niedrigen Blutzuckerspiegel führt, der Heißhunger auf weitere Süßigkeiten

bewirkt. Ein Trick, Süßes bei allzu großen Schleckermäulern in Grenzen zu halten, ist die Festlegung von Wochenrationen, die sich das Kind frei einteilen kann. Doch soll bei all diesen festgelegten „Regeln" nicht vergessen werden, dass Kinder oft **schubweise viel mehr Energie für Wachstum und Bewegung** brauchen und dann ein paar Tage lang instinktiv gerne zu Süßem – ja manchmal sogar zu Zucker pur – greifen. Versuchen Sie zu erspüren, ob es sich um einen wirklichen Bedarf oder bereits um eine schlechte Essgewohnheit handelt, bevor Sie allzu restriktive Maßnahmen setzen.

Mein Kind sammelte Zuckerwürfel ...

Zum Thema *Instinkte der Kinder* kam ich letztlich mit einer Mutter ins Gespräch, die ihrem Kind dahingehend volles Vertrauen entgegenbringt.
Sie berichtete über eine ungewöhnliche Situation im Urlaub, als ihre kleine Tochter plötzlich begann, die Zuckerwürfel im Strandcafe zu sammeln und zu verspeisen. Die Mutter nahm das gelassen, während so manche gesundheitsbewusste Strandnachbarin dem Vorgang mit einigem Befremden und missmutigen Äußerungen folgte. Nach 2 Tagen war die Zuckerphase allerdings wieder vorbei, die Tochter hatte den Klimawechsel erfolgreich weggesteckt und schwimmen gelernt.
Instinktiv hatte sie sich dazu mit extremen Energiereserven versorgt.

Welche sind die wichtigsten Zuckerarten?

Viele Eltern achten bereits darauf, möglichst Produkte „ohne Zucker" einzukaufen. Hinter den Bezeichnungen Sirup, Vollzucker, Kristallzucker, Würfelzucker, Kandiszucker, brauner Zucker, oder Rohrzucker verbirgt sich der herkömmliche Haushaltszucker. Dieser ist noch relativ leicht als solcher zu erkennen, doch es gibt viele Zuckerarten, die in der Zutatenliste eines Produktes unter unverständlichen Namen auftauchen können. Hier ein kurzer Überblick:

• **Haushaltszucker** („Saccharose") ist der „Zucker", den Sie im Handel in Form von Kristallzucker, Würfelzucker, braunem Zucker, Kandiszucker, Vollzucker oder Rohrzucker kaufen können. Er ist aus Frucht- und Traubenzucker zusammengesetzt.

• **Honig** besteht zu ca. 80 % aus einfachen Zuckern (aus Traubenzucker und Fruchtzucker) und zu 20 % aus Wasser. Honig ist also eine Art dicke Zuckerlösung.

• **Traubenzucker** („Glukose" bzw. „Glucose", „Glukosesirup") kommt von Natur aus in Früchten (z. B. Weintrauben) vor. In vielen Produkten ist nicht nur Kristallzucker, sondern noch extra Traubenzucker oder Sirup enthalten.
Vielfach glauben Eltern, Traubenzucker sei gesünder als Haushaltszucker. Die beiden Zuckerarten sind jedoch für den Stoffwechsel fast gleichwertig.

• **Malzzucker** („Maltose") ist schwach süßlich und wird aus der Stärke von gekeimtem und getrocknetem Getreide (Malz) hergestellt.

• **Milchzucker** („Laktose" oder „Lactose") ist nur schwach süß, kommt in Milchprodukten natürlicherweise vor und wird vielen Backwaren zugesetzt.

Was ist besser – Zucker oder Honig?

Ob Sie mit Honig oder Zucker würzen wollen, ist hauptsächlich Geschmackssache. Honig besteht zu etwa 80 % aus Zucker und zu 20 % aus Wasser, das für die Zähflüssigkeit des Honigs verantwortlich ist. Dadurch ist die Süßkraft des Honigs etwas geringer, was meist unwillkürlich durch eine größere Portion ausgeglichen wird, sodass die Menge an Zucker etwa gleich bleibt.
Honig enthält Spuren an Vitaminen, allerdings in „homöopathischer Dosis", denn man müsste beispielsweise 30 kg Honig essen, um damit den Tagesbedarf an Vitamin B_1 zu decken!

Wenn Sie Honig als Süßungsmittel bevorzugen, sollten Sie immer darauf achten, nach den Mahlzeiten die Zähne zu putzen. Denn Honig bleibt am Zahn eher kleben als Zucker. Einige Süßigkeiten (z. B. Karamell) und Bananen haften sogar noch stärker an den Zähnen!

Ist Rohrzucker oder Vollzucker der bessere Zucker?

Im Gegensatz zum gereinigten weißen Zucker sind in Rohrzucker und Vollzucker noch Reste an Mineralstoffen des Zuckerrohrs oder der Zuckerrübe enthalten. Doch sind diese Mengen nicht sehr hoch und der Geschmack ist nicht jedermanns Sache.
Die wenigen – **durchaus positiven** – **Inhaltsstoffe** sollen auch nicht darüber hinwegtäuschen, dass es sich primär um Zucker handelt. **Wichtiger als der Griff zu Voll- oder Rohrzucker ist sicherlich die richtige Menge!**
„Gelber" oder „brauner Zucker", der vielfach für Vollzucker gehalten wird, ist mit Resten von Zuckermelasse versetzter weißer Zucker und daher etwa wie dieser zu bewerten.

Ist Zucker wirklich ein Vitaminräuber?

Nun, die Bezeichnung „Räuber" ist nicht ganz zutreffend, aber jede Art von Zucker, Honig oder Stärke verbraucht

Vitamin B$_1$ im Stoffwechsel. Während die Zuckerarten nur „leere" Kalorien liefern, versorgt ein Vollkornbrot den Körper großzügig sowohl mit Stärke als auch mit Vitamin B$_1$.

Wenn Vollkornprodukte die Basis unserer Lebensmittelauswahl bilden, fallen die geduldeten Mengen an Zucker nicht ins Gewicht. Besteht jedoch die Nahrung vorwiegend aus Süßem und Weißmehlprodukten, wird die ausreichende Versorgung mit Vitamin B$_1$ gefährdet sein. Schlafstörungen und Antriebslosigkeit können erste Zeichen eines Vitamin-B$_1$-Mangels sein.

Mein Kind ist zu dick, soll ich mit Süßstoff süßen?

Die verschiedenen **Süßstoffe** (Acesulfam K, Aspartam, Cyclamat, Neohesperidin, Saccharin) werden in der Kinderernährung zum Süßen von Speisen selbst dann **nicht empfohlen,** wenn das Kind ein „Süßspecht" ist.

Für Erwachsene gibt es bei Süßstoffen eine maximal akzeptierbare Tagesdosis pro kg Körpergewicht. Da Kinder, deren Stoffwechsel intensiver und daher empfindlicher ist, vor allem mit süßstoffhaltigen Getränken (mehr als ein Glas) rasch sogar über die Maximalwerte für Erwachsene kommen kön-

nen, gilt in der Kinderernährung die Regel: **Zucker in Maßen ist besser als Süßstoff!**

Eine Ausnahme davon bilden einzelne Bonbons mit Süßstoff und zuckerfreier Kaugummi. Sie enthalten nur wenig an Süßstoffen oder an den **Zuckerersatzstoffen Sorbit, Xylit oder Manit.** In größeren Mengen können diese beim Kind Durchfall verursachen. Auf den Packungen finden sich entsprechende Warnhinweise, die Sie beachten sollten!

Wenn Ihr Kind zu Übergewicht neigt und der Kinderarzt bereits zur Vorsicht warnt, dann liegt es sicher daran, dass es zu viel kalorienreiche Speisen isst und sich womöglich gleichzeitig zu wenig bewegt. Computerspielen und Fernsehen bieten Eltern zwar praktischerweise „Verschnaufpausen", aber Kinder werden dadurch selten angeregt, sich zu bewegen.

Diese Wurzeln des Übergewichts muss man bedenken, wenn langfristig Abhilfe geschaffen werden soll. Hier gilt es, nicht Symptombekämpfung durch Verwendung von Süßstoff zu betreiben, sondern der Sache auf den Grund zu gehen sowie auf ausreichend Abwechslung in der Freizeitbeschäftigung zu achten und grundlegende Änderungen im Ernährungsverhalten vorzunehmen!

- *Täglich max. 1 Portion (eine Handvoll) Süßes oder Knabbereien!*
- *Nach Süßigkeiten die Zähne putzen!*
- *Achtung: Süßstoff meiden!*

KURZ

Gewürze – sparsam und möglichst frisch

Im Kleinkindalter soll **sparsam gesalzen** werden. Der Geschmack der Kinder entwickelt sich jedoch unterschiedlich. Während die kleine Julia am liebsten vom sauren Salat nascht, verzieht Tommy bei allem Sauren und bei scharf Gewürztem das Gesicht und schiebt den Teller von sich. Die Verträglichkeit ist ebenfalls individuell sehr verschieden. Manche Kinder reagieren noch im 2. und 3. Lebensjahr mit Verdauungsbeschwerden auf stark gewürzte Speisen. Daher wird prinzipiell empfohlen, eher **mild** zu **würzen!**

Bevorzugen Sie nach Möglichkeit frische oder tiefgekühlte Kräuter. In ihnen verbergen sich oft große Mengen an Vitamin C. Deshalb darf es von frischem Oregano, Petersilie, Basilikum oder Schnittlauch durchaus mehr sein. Optimal ist es, **Gewürzkräuter frisch** aus dem Garten oder Blumenkistchen zur Verfügung zu haben. Auch in kleinen Wohnungen kann schnell wachsende Gartenkresse für Ihr Kind eine Quelle für Vitamin C und viele Mineralstoffe sein. Zusätzlich kann Ihr Kind die Kräuter selber säen, ihr Wachstum beobachten und sie schließlich ernten.

Das Würzen mit der Vielfalt an Kräutern und der maßvolle Umgang mit Salz will gelernt sein. Denn die **traditionelle Hausmannskost ist zu kräftig gesalzen.** So wundert es nicht, dass wir mehr als das Doppelte der benötigten Menge an Salz zu uns nehmen. Gewohnheiten lassen sich schwer ändern, sodass es eines gewissen Maßes an Zurückhaltung bedarf, **die Kinderkost nicht nach dem eigenen „salzigen" Geschmack zu würzen.**

Dazu kommt, dass sich Salz ohnehin in vielen Speisen versteckt – in Brot, Käse, Wurst- und Fleischwaren, Knabbergebäck, Suppen, Marinaden und in fast allen Saucen. Zusätzlich zu salzen ist daher in vielen Fällen überflüssig.

Manchmal ist es sogar ratsam, sehr salzreiche Saucen oder Marinaden mit Joghurt zu strecken und so geschmacklich zu mildern.

Erhält mein Kind ausreichend Jod?

Diese Frage stellte eine Mutter, die den Hinweis ernst nahm, die Kinderkost sparsam zu salzen. Die Schilddrüse Ihres Kindes braucht Jod, um optimal funktionieren zu können. Dieses wird in größeren Mengen einerseits durch Meeresfisch, andererseits durch jodiertes Speisesalz zur Verfügung gestellt. In Österreich wird jedes Speisesalz mit Ausnahme des Pökelsalzes für Fleischwaren jodiert.

Auch in der Schweiz wird fast nur jodiertes Salz verwendet, denn Alpenböden sind jodarm und die Bevölkerung würde sonst unter Kropfbildung leiden. Dadurch ist in pikanten, außer Haus verzehrten Speisen und in Fertiggerichten automatisch Jod enthalten und die Jodversorgung ist bei einer gemischten Kost mit wöchentlich einmal Fisch auch bei sparsamem Salzen gesichert.

Deutsche und Schweizer Leserinnen und Leser sollten beim Einkauf immer jodiertes Speisesalz wählen!

Soll ich Meersalz verwenden?

Es spricht nichts dagegen, Meersalz zum Würzen zu verwenden, allerdings sollten Sie darauf achten, dass dieses jodiert ist. Denn Meersalz enthält zwar Spuren von Jod, jedoch zu wenig, um in Jodmangelgebieten (z. B. in den Alpenländern, in Deutschland) die Versorgung Ihres Kindes mit Jod zu gewährleisten.

In Österreich wird Kochsalz generell jodiert und dann als „Vollsalz" bezeichnet. Dies geschieht auch bei in Österreich abgefülltem Meersalz, während Produkte aus dem Ausland nicht unbedingt jodiert sein müssen. In Deutschland wird jodiertes Salz mit Fluor bzw. Folsäure zum Verkauf angeboten. **Wählen Sie als Salz im Haushalt möglichst ein jodiertes Produkt!** Sie können dabei auch heimisches Salz bevorzugen, das kurze Transportwege zurückgelegt hat. Das schont das Ökosystem.

Was, wenn mein Kind Ketchup zu allem isst?

Die rote Tomatensauce, die bewirkt, dass alle Speisen gut rutschen und unter der roten Hülle zu einem Einheitsbrei mit Einheitsgeschmack werden, ist bei fast allen Kindern ausgesprochen beliebt. Dafür sorgt auch die geschmackliche Mischung aus Zucker und Salz. Ketchup lässt sich nur bis zu einem gewissen Grad einschränken, es gibt bei Ketchup jedoch große Qualitätsunterschiede. Manche Produkte scheinen hauptsächlich aus Zucker zu bestehen und schmecken kaum noch nach Paradeisern (Tomaten). Österreichische Markenprodukte (z. B. der Fa. Felix) müssen lt. österreichischem Lebensmittelkodex einen höheren Anteil an Paradeisern aufweisen und sollen daher bevorzugt werden.

In Ketchup ist der Gehalt an Lycopin, einem sekundären Pflanzeninhaltsstoff, sehr hoch, daher wird ihm und Tomatenmark mittlerweile sogar eine gesundheitsfördernde Wirkung zugeschrieben. Sie können den relativen Zucker- und Salzgehalt senken, indem Sie Ketchup mit gekochten, passierten Tomaten „strecken". Dies ist eine weitere Möglichkeit, Ketchup für kleine Ketchup-Tiger aufzuwerten. Am besten ist es, Sie verwenden **kleine nachfüllbare Ketchupflaschen,** falls Ihr Kind diese schon früh wiedererkennt. Bereiten Sie nur jeweils kleine Mengen zu und bewahren Sie die Mischung im Kühlschrank auf, **da das Paradeismark keine so lange Haltbarkeit besitzt!** Eine aufwändige, aber haltbarere Alternative ist selbst gemachtes Ketchup aus unserem Rezeptbuch *„Piffige Rezepte für kleine und große Leute"* (☞ weiterführende Literatur).

Sojasauce, Senf und Mayonnaise

Sojasauce ist in der chinesischen Küche eine gängige Zutat und wird auch bei uns immer beliebter. Sie enthält jedoch sehr hohe Mengen an Salz, sodass sie als Würze für milde Kinderkost nicht gut geeignet ist. Aus dem selben Grund ist auch die Verwendung von Senf in größeren Mengen nicht sinnvoll. Abgesehen davon, mögen nicht alle Kinder den scharfen Geschmack. **Füttern Sie daher nicht ungebeten in Senf getauchte Würstel!** Mayonnaise besteht normalerweise zu etwa 80 % aus Fett und ist somit wohl die kalorienreichste Sauce. Im Handel sind auch Mischungen von Mayonnaise mit Joghurt sowie Light-Mayonnaisesorten erhältlich. **Diesen fettreduzierten Saucen ist der Vorzug zu geben.**

KURZ

- *Mild würzen und salzen!*
- *Jodiertes Speisesalz oder Meersalz wählen!*
- *Mäßig: Ketchup, Senf und Mayonnaise!*

MAHLZEIT, LIEBES!

Getreidebeilagen, Obst, Gemüse, Eier, Milchprodukte, Fisch und Fleischwaren landen als köstliche Speisen auf dem Familientisch. In vielen Familien wird regelmäßig gegessen, in anderen bestimmen der Beruf der Eltern oder die Kindergarten- und Schulzeiten der älteren Kinder den Tagesablauf. Nicht selten splittern sich die Mahlzeiten auf, und jeder isst, wann er Zeit und Hunger hat.

Doch soll **zumindest eine Mahlzeit gemeinsam in Ruhe** genossen werden. Denn je mehr Stress und Hektik im Alltag vorhanden sind, desto häufiger werden Mahlzeiten in großer Eile verzehrt, verschoben oder gar ausgelassen. Dies ist vor allem für Kinder nicht sinnvoll! Schließlich folgen sie ihrer inneren biologischen Notwendigkeit, wenn sie ihren Hunger **regelmäßig in 5 Mahlzeiten** besänftigen, da sie bei den einzelnen Mahlzeiten noch nicht so große Mengen aufnehmen können.

Harmonische Mahlzeiten sind wichtige Gemeinschaftserlebnisse für Kleinkinder. Ihr Kind fühlt sich dadurch in Ihren normalen Tagesablauf eingebunden und gewinnt Sicherheit. Es kann sehen, was, wovon, wie viel und wie Sie essen, und lernt durch Ihr Vorbild ganz nebenbei Tischsitten und Ernährungskultur. Der Atmosphäre am Familientisch soll deshalb vermehrt Aufmerksamkeit geschenkt werden.

Manche Kinder fühlen sich durch zu intensives Befragen bei Tisch bedrängt und verweigern nicht nur die Neuigkeiten aus dem Kindergarten zu erzählen, sondern auch das Essen selbst. Natürlich ist es verlockend, die Mahlzeit für **Diskussionen und sogar Streitgespräche** zu nutzen. Es stellt sich jedoch die Frage, ob die Probleme des Alltags **zu einem anderen Zeitpunkt** nicht effizienter und konzentrierter gelöst werden können. Sicher lässt sich zwischen Mahlzeit und notwendigen, aber unangenehmen Gesprächen nicht immer eine Grenze ziehen, aber jeder Schritt in diese Richtung tut spürbar gut.

Sie sollten sich auch bewusst machen, was Sie bei Tisch „geistig in sich hineinessen". Sind es die Schwierigkeiten mit dem Chef, die Probleme der Nachbarn, die Ungereimtheiten aus dem Kindergarten? Sind es die letzten Horrormeldungen aus Zeitung, Radio oder Fernsehen? Können dann die Speisen überhaupt noch munden oder werden sie nur mehr oder weniger unbewusst geschluckt?

Mahlzeiten brauchen Zeit! Sie sind eine Chance, sich zu erholen, sich zu stärken und um abzuschalten. Sie wollen einfach dankbar genossen werden.

Heutzutage haben wir uns schon so daran gewöhnt, „nebenbei" zu essen oder zu naschen – neben dem Fernsehen, beim Zeitungslesen, beim Telefonieren, im Gehen unterwegs oder am Computer sitzend. Oft lässt uns der hektische (berufliche) Alltag keine andere Wahl, oder?

Die schlechte Gewohnheit der Erwachsenen, dem **bewussten Essen** nicht die **nötige Zeit** zuzugestehen, greift leider rasch auf Kinder über. Dann wird häufig beim Spielen, im Auto unterwegs oder beim Einkauf gegessen. Oft dient die Nahrung dabei bloß dazu, die Eltern „freizuspielen". Überlegen Sie sich – wenn möglich – vorab, welche Grenzen Sie setzen und welche **positiven Gewohnheiten** Sie **fördern** wollen!
Halten Sie für Stresssituationen andere Ablenkungen (Spielsachen, Malstifte) statt des Essens bereit. Zu einer ansprechenden Atmosphäre beim Essen gehört auch eine freundliche **Essumgebung.** Viele Kinder bereiten beim Essen weniger Probleme, wenn dabei Wohlfühl-Atmosphäre herrscht.
Oft reichen ein paar kleine Handgriffe, um das Wohlbefinden zu steigern – ein gemütlicheres Eck im Raum als Essplatz, eine neue abwaschbare Tischplatte aus Holz oder ein farbenfrohes, helles Tischtuch unter den schonenden Plastikbezug. Der hübsch gedeckte, eventuell jahreszeitlich geschmückte Tisch kann so manchen Essmuffel veranlassen, ein zweites Mal zuzugreifen. Achten Sie auch darauf, dass nicht allzu viel unnötig auf dem Tisch herumsteht! So wird die Mahlzeit zur stärkenden Quelle für Körper und Seele.
Um den Körper gleichmäßig mit Energie und Nährstoffen zu versorgen **sind zwischen Frühstück, Mittagessen und Abendessen noch ein Vormittags- und ein Nachmittagsimbiss nötig** (siehe Grafik unten).

Deckung des täglichen Energiebedarfs

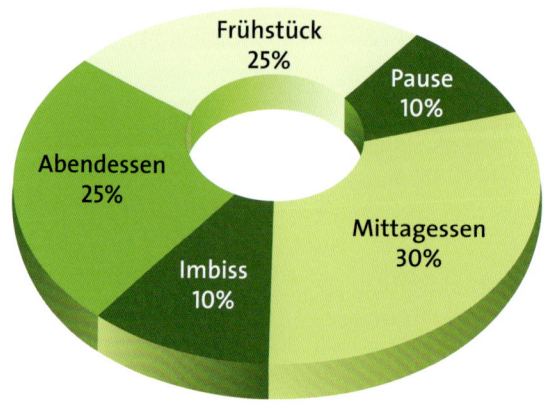

Frühstück 25%
Pause 10%
Mittagessen 30%
Imbiss 10%
Abendessen 25%

Durch diese Verteilung werden die 3 Hauptmahlzeiten etwas kleiner und nehmen die Verdauung Ihres Kindes nicht übermäßig in Anspruch. Die kleinen Zwischenmahlzeiten sorgen außerdem dafür, dass kein allzu großer Heißhunger entsteht.

Etwa alle 2 – 4 Stunden wäre der Körper für eine neue Magenfüllung bereit – abhängig von der Zusammensetzung und der Menge an Nahrung, die zur letzten Mahlzeit gegessen wurde. Die Tagesleistungskurve zeigt es deutlich: 5 Mahlzeiten sind empfehlenswert.

Tagesleistungskurve

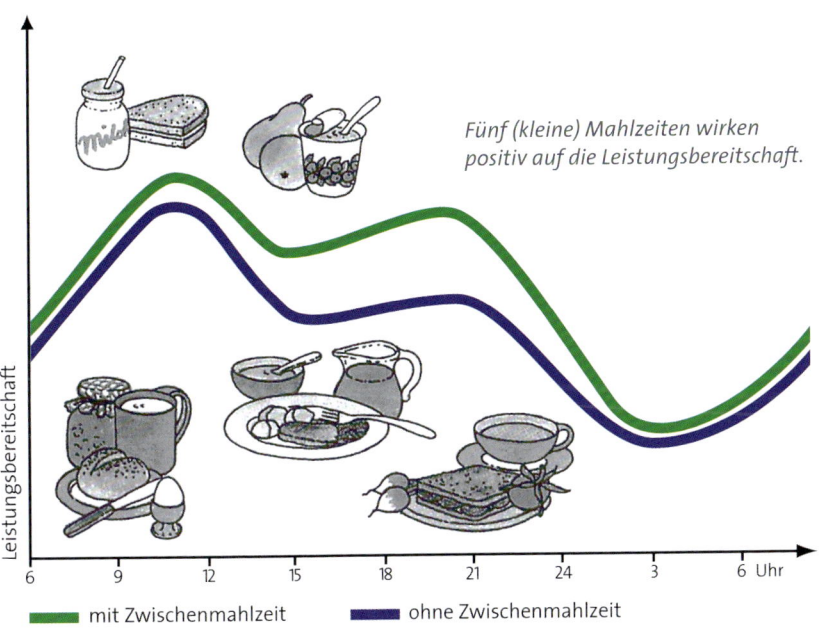

Fünf (kleine) Mahlzeiten wirken positiv auf die Leistungsbereitschaft.

nach: Tagesleistungskurve, C. Schlieper: Ernährung heute, 6. Auflage, Verlag Dr. Felix Büchner, Handwerk und Technik, Hamburg 1994, S. 244.

Die innere Uhr Ihres Kindes ist individuell und richtet sich auch danach, wie viel an Nahrung es momentan für Wachstum und Bewegung braucht. Sobald die Leistungsfähigkeit nachlässt, verlangt das Kleinkind instinktiv nach Nahrung.

Doch diese instinktive Reaktion des Kindes wird oft schon im Säuglingsalter untergraben, weil jede Unmutsäußerung mit Essen gestillt oder vereinzelt immer noch empfohlen wird, einen strikten 4-Stunden-Rhythmus einzuhalten

Natürlich entstehen im Kleinkindalter durch das soziale Umfeld auch Vorgaben für die Mahlzeiten, z. B. durch fix vorgegebene Pausenzeiten im Kindergarten oder durch regelmäßige Hauptmahlzeiten am Familientisch. Schon beim Umstieg auf Familienkost werden die Mahlzeiten des Säuglings diesen Vorgaben angeglichen.

Sind in der Ernährung der Eltern bisher keine Zwischenmahlzeiten vorgesehen, dann können Sie **die Chance nützen, Ihre eigene Ernährung gleichzeitig umzustellen.**

Das Frühstück – der Start in den Tag

Rechtzeitiges Aufstehen ist wohl die wesentlichste Voraussetzung, um in Ruhe frühstücken zu können. *Zu spät aufgestanden, Hektik beim Frühstück und dann schnell aus dem Haus!* So oder ähnlich spielt es sich in vielen Langschläferfamilien in der Früh ab. Dabei ließe sich manches schon am Abend zuvor herrichten (z. B. der gedeckte Tisch), sodass in der Früh nur mehr wenige Handgriffe zu tun sind. Das Morgenritual ist oft automatisiert und bewirkt, dass kaum eine andere Mahlzeit so eintönig ist wie das Frühstück. Dabei ist eine gesunde Morgenmahlzeit der beste Start für einen erlebnisreichen Tag! **Das typisch österreichische Frühstück – bestehend aus Semmel (Brötchen), Butter und Marmelade – liefert viel „schnelle Energie", aber diese verpufft rasch.** Im Kindergarten sind die Kinder dann bald erschöpft, statt fit für den ganzen Tag. Die Umstellung auf ein gutes Frühstück, das die Energie im Körper langsamer freisetzt und die Leistungsfähigkeit steigert, ist keine Hexerei.

Der optimale Start am Morgen: Das ideale Frühstück besteht aus einem Getränk und einer Kombination von drei Komponenten: aus zwei pflanzlichen und einer tierischen, also zum Beispiel aus Getreideprodukten, Obst und Milchprodukten.

Nach dem 1. Geburtstag kann noch ab und zu der Grießbrei mit frischem Obst als Frühstück herangezogen werden. Am Vortag vorgekochter Reis, Buchweizen oder Polenta (Maisgrieß), Frühstücksflakes – nach dem 2. Lebensjahr auch Müsli – bieten sich zusammen mit Obst, Karotten (Möhren, Rüebli), Joghurt, Sauer- oder Buttermilch stattdessen an.

Bedenken Sie, dass Müsli und Frischkornbrei für Kleinkinder relativ schwer verdaulich sind und daher immer ausreichend lange in Wasser zu quellen sind! Wie der englische Haferbrei kann das Müsli für Kinder auch kurz aufgekocht oder mit heißem Wasser zubereitet werden.

Am gemeinsamen Familientisch können Sie schrittweise auf Brot, Gebäck oder Knäckebrot zusammen mit Topfen (Quark) oder wenig Butter wechseln. Vollkornbrot ist ideal! Als Alternative zum Marmeladeaufstrich kann als Belag frisches, in Scheiben geschnittenes Obst verwendet werden. Kinder übernehmen das Dekorieren mit den bunten Obststücken gerne selber. Frische Gurkenscheiben zu etwas fettarmer Wurst (z. B. Putenwurst) oder Paprikastreifen zu einer Scheibe Käse sorgen für Abwechslung auf dem Brot. Gelegentlich kann auch ein Frühstücksei oder eine Eierspeise auf dem Tisch stehen, sodass Sie an jedem Wochentag etwas anderes anbieten können.

Ein warmes Getränk soll unbedingt dazu serviert werden. Hier eignet sich am besten Milch (evtl. mit etwas Kakaopulver). Wenn Ihr Kind morgens keine Milch mag, kann es auch Früchte- bzw. Kräutertee sein, der möglichst nicht gesüßt oder nur mit Obstsaft vermischt sein soll.
Manche Kinder wollen morgens nur zimmerwarme Getränke trinken oder brauchen zusätzlich ein Glas Wasser, Mineralwasser, gespritzten Obst- oder Gemüsesaft. Besonders wenn das Kind nachts sehr schwitzt, kann diese Extraportion an Flüssigkeit notwendig sein, um den Kreislauf in Schwung zu bringen.

Mein Kind isst morgens nichts!

Haben Sie alles für ein schönes Frühstück hergerichtet und Ihr Kind mag trotzdem nicht frühstücken? Mancher Frühstücksmuffel ist einfach nur verschlafen und braucht seine Zeit, um den Tag zu beginnen. Vielleicht hat Ihr Kind auch Ärger mit Freunden im Kindergarten, der auf den Magen schlägt, oder es ist im wahrsten Sinne des Wortes „angefressen".
Keinesfalls sollten Sie Ihr Kind dazu zwingen, morgens viel zu essen, denn Zwang erzeugt nur Ablehnung! Bevor Ihr Kind das Haus verlässt, soll es allerdings **zumindest ein warmes Getränk** und ein paar Bissen zu sich nehmen. Es muss jedoch dafür gesorgt sein, dass das fehlende Frühstück am Vormittag nachgeholt werden kann. **Dieses Gabelfrühstück (Jause) ist für Morgenmuffel etwas reichhaltiger zu gestalten!** Das verringert unter Umständen den Appetit auf das Mittagessen, welches dann etwas später erfolgt.

Mein Kind trinkt in der Früh noch die Flasche …

Die Säuglingsmilchnahrung ist für viele Kinder im 2. Lebensjahr noch das beliebteste Frühstücksgetränk. Manche Kinder wollen auch im 3. Jahr noch nicht darauf verzichten. Andere steigen zwar auf gewärmte Vollmilch um, bestehen aber auf der Flasche als Trinkgefäß. Die Flasche ist im 1. Lebensjahr als Trinkhilfe gedacht und soll nicht bis weit ins Kleinkindalter die Funktion eines Beruhigungssaugers haben. Auf Dauer kann sonst die Entwicklung des Kiefers Ihres Kindes in Mitleidenschaft gezogen werden.

Als Empfehlung gilt, dass das Kind gegen Ende des 1. Lebensjahres zumindest aus einer Schnabeltasse trinken können sollte. Nach und nach soll die Flasche durch Tasse oder Glas ersetzt werden und schließlich ganz verschwinden. Jedes Kind hat jedoch sein eigenes Tempo und es nutzt erfah-

rungsgemäß wenig, einen Machtkampf zu führen, um die Flasche von heute auf morgen zu entfernen.

Gehen Sie Ihr Vorhaben, auf die Tasse umzustellen, schrittweise und gelassen an! Schließlich spüren Kinder rasch, wenn Sie sich selbst unter Druck befinden. Bieten Sie einfach häufiger statt der Flasche außen bunt bebilderte Trinkbecher oder Tassen an, und lassen Sie manchmal aus Ihrer eigenen Tasse Früchtetee oder Milch kosten. Durch das Mittrinken steigt der Anreiz „wie die Großen" zu trinken.

Das Pausenbrot für zwischendurch

Eine Jause (Imbiss) bringt Schwung für zwischendurch. Ebenso wie zum Frühstück bilden Obst oder Gemüse, Getreide- und Milchprodukte sowie ausreichend Flüssigkeit die Grundlage. Die Pausenverpflegung soll aus 2 Komponenten (mind. die Hälfte pflanzlich) und einem Getränk bestehen. Aus dem (Frisch)obstbrei im Säuglingsalter wird die Obstportion beibehalten und kann z. B. mit Joghurt kombiniert werden. Ansonsten liefert Knabbergemüse mit einem Weckerl (Brötchen) bunte Vielfalt und Frische. Oder ein Käsebrot plus etwas zu trinken – und Sie haben eine der vielen abgerundeten Pausenvariationen!

Doch gerade bei Zwischenmahlzeiten, die das Kind in den Kindergarten mitnimmt, wo es selbst entscheiden kann,

ob das Brot gegessen wird oder im Mistkübel landet, ist **Mitbestimmung wichtig.** Welchem Kind gefällt es nicht, bei den Freunden dank einer schmackhaften Jause, die hoch im Kurs steht, im Mittelpunkt zu stehen? Erkunden Sie solche Trends!

Fragen Sie Ihr Kind – und das immer wieder, denn Vorlieben ändern sich. Vermeiden Sie in diesem Fall geschlossen gestellte Suggestivfragen wie z. B. „Möchtest du ein Speckbrot mitnehmen?" (Speck muss zu den Fettportionen gerechnet werden). **Stellen Sie lieber offene Fragen** wie „Was möchtest du gerne mitnehmen?" oder **„Welches von diesen bunten Gemüsen möchtest du mitnehmen?".** Denn Kinder antworten oft Ihren unterschwellig durchklingenden Wünschen entsprechend.

Untersuchungen haben gezeigt, dass Eltern oft gar nicht wissen, was ihr Kind essen möchte, und dass vielen Kindern der Sinn durchaus nach Obst und pikanten Broten steht und nicht (nur) nach Süßem. Innerhalb der Lebensmittelgruppen gibt es so viele verschiedene Möglichkeiten, dass sicher auch für Ihr Kind mehr als eine beliebte Variante zu finden ist.

Hamburger sind meistens **„cool". Doppel- und Trippeldecker** können ebenfalls plötzlich reizvoll werden. Warum also nicht ein rundes Grahamweckerl (Kleiebrötchen) auseinanderschneiden, je mit einer Scheibe Schinken, Schinkenwurst oder Käse belegen und mit buntem Gemüse oder mit einem Essiggurkerl (einer Gewürzgurke) dazwischen füllen? So wird das Brot nicht klebrig feucht und die Frische bleibt innen erhalten.

Auf die Verpackung kommt es an!

Natürlich kommt es auf eine geschickte Verpackung an, die sich leicht nach und nach entfernen lässt und die verhindert, dass sich die ganze Schönheit beim Abbeißen in alle Bestandteile zerlegt. Nichts ist unbeliebter als eine zerquetschte Banane oder eine Birne, die das Pausenbrot durchweicht hat.

Verpacken Sie daher Brot, Obst und Gemüsestreifen in einzelnen kleinen Behältern. Der Obstsalat, die vorbereitete Birnenhälfte oder Karottenstücke, werden durchaus geschätzt und liefern auch zerkleinert Ballaststoffe, Mineralstoffe und Vitamine.

Müsli mit Joghurt passt ebenfalls gut in eine Plastikdose und kann bis zur Jausenzeit (Zwischenmahlzeit) ausreichend quellen. Jedes Jausengetränk benötigt eine bruchfeste, wieder verschließbare Plastikflasche.

Alles gemeinsam steckt dann im Kindergarten-Rucksack oder in einem speziellen Beutel, der leicht waschbar sein sollte. Achten Sie bei allen Verpackungen und dem Rucksack auf einen einfachen Verschluss! Doch das „Tüpfelchen auf dem i" bilden für viele Kinder bunte, lustige Servietten drum herum.

Essen und Trinken unterwegs

Ob Einkaufsfahrt oder der Besuch bei Freunden – wann immer Sie mit Kindern unterwegs sind, sollten Sie zumindest ein durstlöschendes Getränk bereithalten. Denn in der Praxis tritt der Durst mit Vorliebe in den unmöglichsten Situationen auf – wenn wir gerade in Eile sind oder weit und breit nichts zu trinken zu bekommen ist.

Im Auto empfiehlt es sich, für die Lenkerin bzw. den Lenker und alle Mitreisenden immer eine Reserve an (Mineral)wasser, Müsliriegeln oder trockenen Keksen dabeizuhaben. Denken Sie an Notfälle wie Stausituationen oder sonstige Behinderungen! In so einem Fall greift man sogar dankbar zu lauwarmem Wasser. Für Ausflüge und Einkäufe mit Kindern soll ebenfalls mit Getränken und bei längerem Fortbleiben mit einer Verpflegung vorgesorgt sein. Hier ist ein Vorrat wichtig und schont die Nerven! Dadurch ist man nicht vom – oft unzureichenden – Angebot unterwegs abhängig. In praktischer, ansprechender (aufdrehbarer) Kinderpackung gibt es unterwegs leider meist nur süße Limonaden zu kaufen. Einzige gute Alternativen sind Kin-

dertrinkpackungen mit reinem Obstsaft gemischt mit Mineralwasser. Doch diese sind nicht überall erhältlich. Die gewohnten Tee- und Saftmischungen, die im Verhältnis viel billiger kommen und den Durst besser löschen, kann man sich nur selber mitnehmen. In der Thermoskanne bleiben diese im Sommer kühl, im Winter warm.

Die Beilagen werden zur Hauptspeise

Das Mittag- und Abendessen besteht vorrangig aus Kartoffeln, Teigwaren, Reis und viel Gemüse. Diese stärke- und ballaststoffreichen Lebensmittel werden ergänzt durch kleine Portionen Fisch, Ei oder Fleisch. Das kommt den geschmacklichen Vorlieben der Kinder meist entgegen und tut der ganzen Familie gut! „Polentaschnitten mit Gemüsesauce", „Nudeln (Teigwaren) mit Thunfisch-Sugo", „Erdäpfelkuchen vom Blech" oder „Zimtknödel mit Apfelmus" sind Beispiele unserer pfiffigen Rezepte, die dieser Empfehlung entgegenkommen und schnell auf den Tisch zu zaubern sind (☞ weiterführende Literatur). Hin und wieder kann es eine kalte Mahlzeit sein, die aus Salat und belegten Broten besteht. Gemüsestreifen mit Dip verführen zum häufigeren Zugreifen und auf das Brot dürfen auch so einfache „Exoten" wie grüner Topfenaufstich (Quarkaufstrich), Grünkernaufstrich oder Erdäpfelkas (Kartoffelaufstrich, der sich aus überzähligen

Kartoffeln oder Kartoffelpüree herstellen lässt) gestrichen werden. **Kinder brauchen nicht zu jeder Hauptmahlzeit ein warmes Gericht.** Freilich ist es an kalten Wintertagen günstig, zum Nachtmahl zumindest ein warmes Getränk oder Suppe anzubieten.

Pizza, Schnitzel, Hamburger

Mit dem Eintritt in den Kindergarten, den ersten Kinderfesten und längeren Besuchen bei den „großzügigen" Großeltern wird die Auswahl der Speisen zunehmend schwieriger. Zum Leidwesen ernährungsbewusster Eltern sind dann Pommes frites, Hamburger, Pizzaschnitten, Cola, Gummibärlis, Fischstäbchen und Schnitzel besonders begehrt. *„Warum sind gerade diese ungesunden Speisen bei Kindern derart beliebt?",* fragen sich viele Eltern. Nimmt man sie genauer unter die Lupe, dann findet man eine Reihe von typischen Eigenschaften dieser Lieblingsspeisen, die Ihnen dabei helfen können, auch „gesunde" Speisen bei Ihrem Kind beliebt zu machen:

• **Lieblingsspeisen lassen sich meist „mit der Hand" essen.**
Speziell Fast Food erfüllt diese Bedingung. Pommes frites und Hamburger sind „begreifbar" und befriedigen dadurch das Grundbedürfnis der Kinder nach „Erfassbarkeit". Also: Vorschulkinder essen lieber mit der Hand rohes Gemüse (Karotten / Möhren, bunten Paprika) als gekochtes mit Löffel oder Gabel.

• **Sie haben Spielzeugcharakter.** Pommes frites lassen sich stapeln, Schokobonbons mit buntem Zuckerguss sich in Figuren legen. Aus Suppennudeln in Form von Sternchen oder Buchstaben lassen sich Muster und Worte am Tellerrand bilden. Und Spaghetti kann man wie „Susi und Strolchi" einzeln aufsaugen oder – wie es Pippi Langstrumpfs Vorbild zeigt – sogar mit der Schere essen!

• **Sie sind häufig, aber nicht alltäglich.** Denn sie müssen oft mühsam als Zugeständnis abgerungen werden. Speisen, die jeden Tag gegessen werden (müssen), verlieren bald an Attraktivität. Jede Lieblingsspeise büßt ihren Reiz ein, wenn sie zu oft serviert wird. Häufig, aber nicht täglich Angebotenes ist deswegen oft so sehr begehrt, dass es täglich gewünscht wird.

• **Sie sind für Kinder leicht wieder erkennbar.** Das gilt für Form und Farbe, sowohl für die Speise als auch für die Verpackung. Hinter panierten Rechtecken verbergen sich Fische und nicht Schnitzel oder Backhuhnstückchen, das weiß bald jedes Kind. Paniertes wird nicht nur deshalb geschätzt, weil darunter verschiedene Fischformen und -größen vereinheitlicht werden, sondern auch, weil das Wiedererkennen beim Anblick Freude macht. Es bietet dem Kind ein Erfolgserlebnis, wenn der Geschmack dann den Erwartungen entspricht.

• **Sie sind einfacher zu essen. Kleine, portionierte Stücke lassen sich besser in kleine Münder nehmen.** So sprechen Apfelspalten Kinder mehr an als ein ganzer großer Apfel – besonders wenn sie zusätzlich noch in Mustern auf den Teller gelegt werden. Ebenso ist Faschiertes (Hackfleisch) Laibchen (Bratlinge), als Bällchen, Braten oder Saucenbestandteil bei kleinen Kindern beliebter als ein großes, schwer zu kauendes Fleischstück.

• **Sie werden nicht als „gesund" aufgedrängt.** Viele Erwachsene haben die Einstellung, was „gesund" ist, könne nicht schmecken. Kleinkinder fangen mit dem Gesundheitsbegriff als solchem nicht viel an.
Der Zusammenhang von Gesundheit und „richtiger Ernährung" ist für sie nur dann nachvollziehbar, wenn sie diesen (z. B. bei einer Lebensmittelallergie) bereits selbst erfahren haben.

Deshalb ist „gesund" als Eigenschaft von Lebensmitteln für Kinder nicht interessant und eher abschreckend.

• **Was lustig bunt ist und in größerer Menge gesammelt werden kann, gilt als „Schatz".** Dies umso mehr, als es sich dabei um „verbotene" Belohnungen (Gummibärchen, Zuckerln / Bonbons) handelt, die nur widerwillig und selten verteilt werden. Dabei gelten 2 kleine Belohnungen mehr als eine große. Man denke bloß an die Kleinpackungen bei Fruchtjoghurt oder Topfencremen (Quarkspeisen)!

• **Sie sind lustig verpackt.** Mit bunten Comicfiguren und toller Werbung werden sie ansprechend vermarktet. Bunte Beigaben in den Packungen kommen der kindlichen Sammelleidenschaft entgegen und reizen Kinder schon beim Einkauf, danach zu greifen.

Schon im Alter von 3 Jahren können Kinder Werbeslogans und Marken zuordnen, wenn sie häufig Werbung im Fernsehen gesehen haben. Werbung ist ein zweischneidiges Thema. Einerseits werden Kinder beeinflusst, andererseits können Sie sich ihre Strategien zunutze machen und gemeinsam mit Ihren Kindern Slogans für spezielle Gerichte oder „gesunde" Lebensmittel erfinden. Ein selbst gebastelter Rahmen dient als TV-Gerät und schon läuft Ihr eigener Werbespot für die persönlichen, gesunden Lieblingsspeisen. Das macht Kindern Spaß und zeigt gleich-zeitig, wie Werbung funktioniert. Machen Sie sich bewusst, dass Werbung versucht, Eltern davon zu überzeugen, Kinderprodukte seien auf Grund einer „speziellen Gesundheitsaussage" (z. B. viel Calcium) unerlässlich.

Kinder brauchen jedoch keine Spezialprodukte, sondern eine ausgewogen zusammengestellte Nahrung, die sie auch im späteren Leben gesund erhält. Die von den Kindern täglich mit Nachdruck verlangten Lieblingsspeisen sind Hauptdiskussionsthema in vielen Elternrunden. Die Angst der Eltern vor Mangelerscheinungen auf Grund der einseitigen Vorlieben ist groß – vor allem bei Fast-Food-Gerichten. Doch nicht alles, was unter den Begriff Fast Food fällt, ist automatisch „ungesund"! Hier gilt es, zwischen den verschiedenen Angeboten zu unterscheiden und die Häufigkeit (bzw. Menge) der Speisen nicht außer Acht zu lassen.

Fast Food – Essen auf die Schnelle

Egal ob Hamburger oder Würstel mit Ketchup – Kinder lieben Fast Food. Es erfüllt fast alle Kriterien einer Lieblingsspeise und ist noch dazu immer **sehr schnell auf dem Tisch** – ein nicht unwesentlicher Pluspunkt in den Augen hungriger Kinder, für die Warten immer unheimlich lang dauert. **Außerdem sind viele Fast-Food-Restaurants in ihrer Verkaufsstrategie betont kinderfreundlich** und halten immer Überraschungen zum Spielen bereit.

Auf Grund der Vielfalt an Fast-Food-Produkten fällt es schwer, ihren Wert als Nahrung generell zu beurteilen. Zu Fast Food zählt man alles, was man einerseits schnell essen und andererseits fertig kaufen oder schnell zubereiten kann – also auch Fertigsalate und Fertiggerichte. „Schnelles Essen" kommt vor allem berufstätigen Müttern sehr entgegen und trifft den „Zeitgeist".

Außerdem: Wer verbringt nicht lieber mehr Zeit mit den Kindern, statt lange in der Küche zu stehen?

Die Qualität der Zutaten von Fertiggerichten und Fast Food lässt aber oft zu wünschen übrig. Unter der Panier (Panade) und feinst zerkleinert lassen sich Lebensmittel zweiter Wahl problemlos verstecken. Der Sinn des englischen Sprichwortes *„Fast food makes you sick quick!"* (übersetzt etwa: „Schnelles Essen macht dich rasch krank!") ist also manchmal nicht von der Hand zu weisen – ebenso wenig die Wortspielerei von *„fast"* Food – also *„beinahe"* ein Essen. Denn die meisten Fast-Food-Produkte enthalten viel Fett – und hier vor allem auch unerwünschte Transfettsäuren – und im Verhältnis wenig Vitamine, Mineralstoffe und Ballaststoffe.

• 1 Paar Frankfurter (Wiener Würstchen), 1 Pizzaschnitte, 1 Leberkäsesemmel (Fleischkäsebrötchen) oder 1 Hot Dog liefern etwa die Hälfte der gesamten täglichen Fettmenge, die Ihr Kind benötigt – also etwa 30 g Fett.

• 1 Portion Pommes frites, 1 Big Mac oder 1 Schinken-Käse-Toast liegen mit ca. 25 g Fettgehalt auch nicht viel niedriger.

• Dagegen schneiden Cheeseburger, Hamburger und Extrawurstsemmel (Fleischwurstbrötchen) mit etwa 10 g Fett hinsichtlich des Fettanteils fast schon günstig ab.

• Noch besser ist allerdings 1 Grahamweckerl (Kleiebrötchen) mit Schinkenwurst und Essiggurkerl (Gewürzgurke) oder 1 Vollkornbrot mit Käse und Paprika, denn hier sind mehr Ballaststoffe, Mineralstoffe und Vitamine enthalten.

Solange Ihr Kind nicht nach Fast Food verlangt, sollten Sie typische Fast-Food-Produkte bewusst meiden. Wenn jedoch der „Fast-Food-Virus" von älteren Geschwistern oder Kindergartenfreunden „übergesprungen" ist, erhöhen strikte Verbote nur den Reiz. Dann sollten Sie kein schlechtes Gewissen haben, sondern diese Tipps beherzigen:

• **Versuchen Sie typische Fast-Food-Gerichte** (wie Würstel, Pizzaschnitte oder Hamburger) **auf max. einmal pro Woche einzuschränken.**

• **Verführen Sie mit „gesünderen" Fast-Food-Alternativen,** beispielsweise Gemüsepizza bzw. Fischburger (*„Pfiffige Rezepte für große und kleine Leute"*, ☞ weiterführende Literatur).

• Achten Sie darauf, dass das „schnelle Essen" nicht dazu führt, dass rasch und hastig gegessen wird. Hinunterschlingen verzögert die Sättigung, sodass Ihr Kind nicht mehr spürt, wann es wirklich satt ist, und mehr isst als nötig. Außerdem ist gutes Kauen wichtig als Vorbereitung für eine optimale Verdauung: Die Verdauungsenzyme zerlegen die Nahrung besser, wenn die Speisen zerkleinert sind.

• Bieten Sie doch zum Fast-Food-Menü hochwertige Nahrung als Ergänzungen an – beispielsweise Salat und Orangensaft statt eines Colagetränkes. Vollkornprodukte zum Frühstück und „gesunde" Lieblingsspeisen als zweite Hauptmahlzeit sorgen dafür, dass der Speiseplan ausgewogen bleibt.

Machen Sie einen Wochenplan!

Wenn Sie nun darangehen, alle Lebensmittel im richtigen Verhältnis auf den Tisch zu bringen, ist es beinahe unumgänglich, einen Wochenspeiseplan zu erstellen. Nur so können Sie die Umsetzung in die Praxis üben und alle notwendigen Lebensmittel für Ihr Kind bereithalten. Sie können dadurch Vorlieben wie Fast Food und Süßigkeiten gezielt einplanen und so im Tagesplan ausgleichen.
Es mag für Sie zu unflexibel klingen, einen Wochenplan zu erstellen, doch Sie können spontan ja immer variieren. Im Endeffekt ersparen Sie sich durch die **konzentrierte Planung** viel Zeit und Geld. Nach dem Plan können Sie mit viel **geringerem Zeitaufwand** Ihre Ein-

kaufsliste erstellen und Einkäufe besser gestalten. Große Mengen eines saisonalen Angebotes lassen sich vielseitiger verarbeiten bzw. Vorräte in der Tiefkühltruhe oder im Keller regelmäßiger „umwälzen". Mit der Wochenplanung ist auch die Zeit der Verlegenheitsgerichte vorbei.

Die wöchentliche Planung bietet einen weiteren Vorteil: Wenn Sie vorab wissen, dass Sie an einem Wochentag nur für Ihr Kind eine Mahlzeit brauchen, weil Sie selbst zu einem anderen Zeitpunkt essen werden bzw. eingeladen sind, können Sie ökonomischer arbeiten. Sie können sich dann das Kochen ersparen, indem Sie einige Tage zuvor bei einer Mahlzeit etwas mehr kochen und die später benötigte Einzelportion tieffrieren. Gut eignen sich dazu Eintöpfe oder Gemüsesuppen. **Überzählige Portionen, die tiefgekühlt werden, sind auch ein guter Notnagel,** wenn Sie einmal überhaupt keine Zeit zum Kochen finden.
Das „**Kettenkochen**" ist eine bewährte Methode, die Ihnen bei vorab geplanten Gerichten viel Zeit ersparen kann. Dabei wird für die folgenden Mahlzeiten mitgedacht. Z. B. können Sie als Beilage abends Reis servieren und davon eine größere Menge kochen. Der Rest wird in einem verschlossenen Gefäß im Kühlschrank aufbewahrt und ist für den nächsten Tag bestimmt. Sie können daraus Reis mit Joghurt und Früchten für das Frühstück oder als Zwischenmahlzeit zaubern und mittags einen Reissalat, Reisauflauf oder

gefüllte Paprika servieren. Abends verwenden Sie ihn als Einlage in einer Suppe (evtl. püriert in einer Gemüse-Cremesuppe) oder in einer Fülle für überbackene Palatschinken (Pfannkuchen).

Haben Sie sich für die Palatschinken entschieden, so lässt sich die Kette leicht fortsetzen! „Vorsätzlich überzählige" Palatschinken können Sie tags darauf in dünne Streifen geschnitten als Suppeneinlage für Frittatensuppe verwenden oder sie in einer Tortenform mit süßen oder pikanten Zwischenschichten überbacken. Mit ein wenig Fantasie finden Sie sicherlich zahlreiche Möglichkeiten, das Kettenkochen anzuwenden!

In der Praxis hat es sich bewährt, den Wochenspeiseplan („*Pfiffige Rezepte für kleine und große Leute*", ☞ weiterführende Literatur) am Abend **vor dem „großen Wocheneinkauf"** zu erstellen, sodass während der restlichen Woche nur die frischen Lebensmittel (Obst, Salat, Milchprodukte, Frischfleisch) zu besorgen sind.

Am besten ist es, Sie gehen die Gestaltung des Speiseplans **spielerisch im Kreise der Familie** an. Jeder hat dabei die Möglichkeit, Vorschläge zu machen, seine Lieblingsspeise mit auf den Plan zu setzen und sich darauf zu freuen.

Nicht selten erhöht der gemeinsame Beschluss der Speisenabfolge die allgemeine Akzeptanz und verringert zermürbende Diskussionen bei Tisch. Auch für Essmuffel wird durch die Mitbestimmung beim Speisezettel ein Anreiz zuzugreifen gesetzt.

WAS TUN WENN ...

... mein Kind nicht essen mag?

Viele Anfragen von Eltern kreisen um das Thema Essensverweigerung. Vor allem, wenn das Kind zu dünn ist oder nicht sehr widerstandsfähig gegen Krankheiten erscheint, verursacht ein kaum beachteter Teller oft große Sorgen. Neben der Möglichkeit, die Wünsche des Kindes bei der gemeinsamen Wochenplanung zu berücksichtigen, finden Sie bereits im Kapitel „Was, wenn mein Kind Gemüse ablehnt?" Hinweise (☞ Seite 44).

Zuallererst sollten Sie versuchen herauszufinden, aus welchem Grund Ihr Kind das Essen verweigert. Ist es außergewöhnlich, dass Ihr Kind nicht isst, dann kann eine Erkrankung die Ursache sein.

Das Kind nimmt deshalb instinktiv gar nichts oder nur wenig einer einzelnen Beilage (Reis, Teigwaren, Brot) zu sich, um den Darm und den Stoffwechsel zu entlasten. Komplexere Speisen, z. B. Gemüseaufläufe oder die Saucen zu Teigwaren, werden dann oft mit Nachdruck abgelehnt. Kinder, die an einer Unverträglichkeit oder Allergie leiden, meiden oft unbewusst das auslösende Nahrungsmittel, auch wenn es sich in einem Gericht verbirgt. Manchmal allerdings zählt gerade dieses zu den Lieblingsspeisen und das Kind scheint fast süchtig danach zu sein.

Geschmäcker sind verschieden! Vielleicht ist in der abgelehnten Speise etwas enthalten, z. B. ein Gewürz, das Ihrem Kind überhaupt nicht schmeckt. Bisweilen ist es allein der Geruch einer ungeliebten Zutat, der den Appetit verdirbt. Es kann sogar der Geruch vom Nachbartisch oder das Rauchen am Nebentisch die Lust am Essen vertreiben! **Vereinzelt reagieren Kinder auch auf Bezeichnungen ablehnend.** Wer mag schon Hasenbraten essen, wenn die Häschen im Bilderbuch so niedlich sind? Oder das Kind lehnt Schweinefleisch ab, wenn es Hängebauchschweine liebt. Mit kindlicher Fantasie mögen auch „Quiche" oder „Erbse" bedrohlich klingen. Die Ursache für das muffelige Essverhalten kann aber auch schlichtweg darin liegen, **dass das Kind nicht hungrig ist.** War die letzte Mahlzeit überreichlich? Hat das Kind vielleicht kurz davor viel Süßes gegessen? Hat es gerade süße Getränke oder Milch getrunken? Auch wenn der Magen gerade mit Wasser voll ist, kann der Hunger gedämpft sein.

Ist Ihr Kind sehr sensibel, dann **reagiert** es möglicherweise **auf Stress** damit, dass „die Kehle wie zugeschnürt ist". Der Auslöser kann jede Art von Belastungssituation sein – Angst vor neuen Situationen im Kindergarten, hektische Atmosphäre, nachwirkende Albtraumbilder, Fernsehnachrichten, unangenehme Diskussionen beim Essen, Gewissensbisse ... Versuchen Sie sich in die Kinderseele hineinzuversetzen und **verursachen Sie keinen zusätzlichen Druck,** indem Sie allzu massiv zum Aufessen anhalten!

Probleme pflegen ebenfalls aufzutreten, wenn das Kind in unterschiedlichen Haushalten versorgt wird. Doch Kinder lernen, von einer „Welt" in die andere zu wechseln, wenn die jeweiligen „Spielregeln" klar fixiert sind. Es ist eine Gratwanderung, die Fingerspitzengefühl braucht, in der Ernährungserziehung das richtige Maß zu finden. Der „perfekte Weg" existiert allerdings nicht.

Eltern versuchen manchmal, Prinzipien ausnahmslos durchzusetzen, um das Kind nicht zu verziehen. Zu sehr fürchten sie, die schlechten Manieren anderer Kinder könnten auch bei ihren Kleinen zu Tage treten. Wenn Eltern zu strikt versuchen, Kindern Tischmanieren beizubringen, kann das durchaus Stress verursachen.

Behalten Sie im Gedächtnis, auf welcher Entwicklungsstufe sich Ihr Kind befindet. Auch wenn die Kunst, selbst mit dem Löffel zu essen, gerade erfolgreich gelernt wurde, erleichtert es Kinder, ab und zu mit den Händen zugreifen zu dürfen. **Verlangen Sie also nicht sofort Perfektion,** noch ist kein Meister vom Himmel gefallen! Selbst wenn die Geduld oft auf die Probe gestellt wird, bedenken Sie, **Zwang ist in der Regel kontraproduktiv.** Dann kann es – nicht nur in der Trotzphase – zu einem Kampf

„Wille gegen Wille" kommen, der auf beiden Seiten unnötig belastet. Mit etwas Gelassenheit werden Sie feststellen, dass es sich in vielen Fällen um eine vorübergehende Phase handelt.

Die Ruhe, die Sie ausstrahlen, hilft Ihrem Kind gewöhnlich über die kritische Situation hinweg und bietet Rückhalt.

Das Beharren darauf, den Teller ganz zu leeren, mag nach dem Krieg überlebenswichtig gewesen sein. In Zeiten des Überangebotes ist es sicher nicht sinnvoll, zum Aufessen zu zwingen, wenn das Kind wirklich keinen Hunger mehr hat.

Besser ist es, dem Kind dabei zu helfen selbst abzuschätzen, wie groß der eigene Hunger tatsächlich ist, indem Sie kleine, kindgerechte Portionen bereithalten, die bei Bedarf nachgenommen werden können. Beispielsweise eignen sich kleine Knödelchen (Bällchen) für Kinder besser als ein großer Knödel, der schon von vornherein für Kinderaugen unbewältigbar erscheint.

Nicht alle Kinder können normale Portionen auf einmal essen. Sei es, weil der Magen eine große Hauptmahlzeit nicht bewältigen kann, sei es, dass das Stillsitzen bei Tisch einfach zu schwer fällt.

Dann müssen Sie die Mahlzeiten auf kleinere Happen verteilen und mehr als zwei Zwischenmahlzeiten anbieten.

Sind viele Familienmitglieder rastlose und quirlige Typen, die bei jeder Mahlzeit 5 Nebenbeschäftigungen nachgehen, lässt sich das Kind vermutlich bald ebenso leicht ablenken. Kein Wunder, wenn dann Spielsachen, vorbeifliegende Schmetterlinge und alle anderen Dinge interessanter sind als die Speisen auf dem Teller.

Dann gilt es, **Fantasie zu entwickeln, wie die Konzentration der Familie auf die Mahlzeiten gerichtet werden kann.** Hier bewährt es sich, Kinder bei der Zubereitung der Speisen mithelfen zu lassen. Dadurch rückt die Nahrung in den Mittelpunkt ihrer Aufmerksamkeit und wird voll Stolz gegessen bzw. serviert. Manchmal hilft es auch, dem Kind zwischen 2 – 3 Möglichkeiten die Wahl zu lassen. **Selbst gewählte Gerichte stehen zu lassen fällt schwerer.** Einer meiner Freundinnen gelang es, ihre aufgeweckte Tochter zum Essen zu bringen, indem sie ihr zeitweise bewusst keinen Teller hinstellte, sondern sie **vom eigenen mitnaschen** ließ. Das hatte den positiven Nebeneffekt, dass das Kind von unbekannten Gerichten kleine Mengen kosten konnte, ohne gleich vor einem vollen Teller einer „neuen" Speise zu sitzen. Manche Kinder brauchen dazu die Geborgenheit der vertrauten, um sie gelegten Arme. Die Zeit der Selbstständigkeit und Unabhängigkeit und kommt danach sicher (wieder). Eine Freundin verwendete den Trick, ihre Kinder aufzufordern aufzuessen, damit der Hund nichts stibitze – und es funktionierte! Wenn die „vorübergehende Phase der ungeleerten Teller" allerdings schon 5 Monate dauert, wie letztlich eine ziemlich verzweifelte Mutter anmerkte, dann können Sie evtl. den Speisen **appetitanregende** Gewürze (Anis, Kümmel) beimengen oder spezielle Teemischungen anbieten.

Nähere Informationen dazu erhalten Sie in Ihrer Apotheke. Ziehen Sie auch einen Kinderarzt zu Rate.

Körpergröße und -gewicht in der Kindheit

Zum Gebrauch der Tabelle: Bei Kindern hängt das Körpergewicht von der Körpergröße ab. Gehen Sie von der Körpergröße des Kindes aus, und vergleichen Sie das Gewicht mit dem in der Tabelle angegebenen Normalbereich. Wenn das Gewicht Ihres Kindes außerhalb des Normalbereiches liegt, sollten Sie mit dem Arzt bzw. einer Ernährungsfachkraft über mögliche Ursachen und notwendige Maßnahmen sprechen. Ziehen Sie jedoch umgehend einen Arzt zu Rate, wenn Ihr Kind rasch Gewicht verliert!

Mädchen

Alter in Jahren (abgeschlossenes Lebensjahr)	Körpergröße in cm	Durchschnittliches Gewicht in kg	Normalbereich Gewicht in kg
1	75 ± 6	9,3	7,4 – 11,2
2	89 ± 7	12,2	9,8 – 14,6
3	96 ± 7	14,5	11,6 – 17,4
4	103 ± 8	16,6	13,3 – 19,9
5	111 ± 9	19,0	15,2 – 22,8
6	117 ± 9	21,0	16,8 – 25,2

nach: Reinken L., Stolley H., Droese W. (1980), Monatsschr. Kinderheilkunde 128: 662 – 667

Buben

Alter in Jahren (abgeschlossenes Lebensjahr)	Körpergröße in cm	Durchschnittliches Gewicht in kg	Normalbereich Gewicht in kg
1	77 ± 6	10,3	8,2 – 12,4
2	89 ± 6	12,8	10,2 – 15,4
3	97 ± 7	14,9	11,9 – 17,9
4	104 ± 8	16,8	13,4 – 20,2
5	111 ± 8	19,1	15,3 – 22,9
6	117 ± 9	21,1	17,0 – 25,4

nach: Reinken L., Stolley H., Droese W. (1980), Monatsschr. Kinderheilkunde 128: 662 – 667

… mein Kind zu dünn ist?

Nach dem Säuglingsalter streckt sich der Körper, gleichzeitig erfolgt die Gewichtszunahme langsamer als in den Monaten davor und das Kind sieht schlanker aus. Manche Kinder machen derart viel Bewegung, dass sie die meiste durch die Nahrung aufgenommene Energie dafür verbrauchen.

Andere haben einen so feinen Körperbau, dass sie dünn wirken. Oft befürchten Eltern dann unbegründet, dass ihr Kind zu wenig esse. Schreiben Sie eine Woche lang genau auf, was Ihr Kind gegessen hat, um einen guten Überblick zu bekommen. Beherzigen Sie die Hinweise aus dem vorigen Kapitel, wenn Ihr Kind ein „schlechter Esser" bzw. eine „schwache Esserin" ist!

Wenn Sie vermuten, dass Ihr Kind zu dünn sei, sollten Sie auf jeden Fall Ihren Kinderarzt zu Rate ziehen. Er wird anhand einer Untersuchung und mittels der „Perzentilen" (☞ „Was tun, wenn mein Kind zu dick ist?") den Handlungsbedarf feststellen. Ist der Arzt der Ansicht, dass Sie energiereichere Nahrung anbieten sollten, dann können Sie mit folgenden Tricks ein paar Extrakalorien auf den Teller bringen:

• Bieten Sie Milch und Joghurt mit natürlichem Fettgehalt (3,5 – 3,8 %) an. Verwenden Sie Sauermilch (3,6 %) statt Buttermilch. Beim Käse darf es dann auch gerne die Vollfett- oder Doppelrahmstufe sein.

• Bieten Sie ab und zu Gemüse-Cremesuppen oder Rohkost an, die mit etwas Rahm (Sahne) verfeinert werden. Ihr Kind braucht auch die Vitamine und Mineralstoffe aus dem Gemüse.

• Dip-Saucen für Gemüsestäbchen lassen sich ebenfalls wahlweise kalorienreicher zubereiten. Erhöhen Sie einfach den Rahmanteil.

• Nüsse und Trockenfrüchte, die dem Alter des Kindes entsprechend fein gehackt werden, können zum Anreichern von Cornflakes und Müsli verwendet werden. Auch Nusskuchen und Trockenfrüchte zum Knabbern erhöhen die Energiezufuhr.

Diese Maßnahmen sollten zu einer Gewichtszunahme Ihres Kindes führen. Ist dies nicht der Fall, so kontaktieren Sie bitte den Arzt.
Nimmt Ihr Kind jedoch erfolgreich zu, so vergessen Sie bitte nicht, den Gebrauch von Mayonnaise, Rahm (Sahne) und Doppelrahmkäse sowie von Nüssen und Trockenfrüchten im rechten Maß zu halten, damit es in weiterer Folge nicht zu Übergewicht kommt!

… mein Kind zu dick ist?

Im 1. Lebensjahr ist Ihr Kind sowohl in die Länge als auch in die Breite gewachsen. Bis zum 5. Lebensjahr wächst es nun langsamer. Dadurch wirken manche Kinder zwischen den Wachstumsschüben zeitweise etwas pummelig. Andererseits wird Babyspeck, der im Kleinkindalter im Übermaß angelegt wird, oft bis ins Erwachsenenalter mitgeschleppt. Daher soll zwar nicht jede Fettreserve in Panik versetzen, aber ein über den Gewichtsangaben (☞ Seite 122) liegendes Gewicht auch nicht unbeachtet bleiben.

Die Angabe der normalen Bandbreite erfolgt oft in sogenannten „Perzentilen". Der normale Gewichtsbereich reicht von der 3. bis zur 97. Perzentile, wobei die 50. Perzentile den Scheitelpunkt der Häufigkeit angibt – also bedeutet, dass etwa die Hälfte der Kinder ein höheres Gewicht, die andere Hälfte exakt den Messwert oder ein Gewicht darunter aufweist.

Liegt Ihr Kind mit seinem Körpergewicht über der 97. Perzentile, sind also mindestens 97 % der gesunden Kinder „schlanker" als es selbst, dann kann die Ursache entweder ein untersetzter Körperbau oder Übergewicht sein. Es empfiehlt sich auf jeden Fall ein Gespräch mit dem Kinderarzt, wenn Sie befürchten, dass Ihr Kind zu dick sei!

Ob ein Kind von zarter Statur oder eher stämmig ist, ist primär Vererbungssache. Doch hat auch das Ernährungsverhalten der Eltern einen Einfluss. Bereits ab dem 18. Lebensmonat ist (fast) alles erlaubt, was die Erwachsenen essen. Späteres Übergewicht kann schon hier seine Wurzeln haben. Werden Kinder in dieser Zeit übermäßig gefüttert, weil der Babyspeck als attraktiv gilt, so wird das kindliche Fettgewebe stark ausgebildet. Dieses in den ersten Jah-

ren aufgebaute Reservegewebe kann später nur schwer zurückgebildet werden.

Hauptschuld an den leidigen Fettpölsterchen tragen viele fettreiche Speisen (Frankfurter / Wiener Würstchen, Backhenderl / -huhn, Leberkäse / Fleischkäse, Pommes frites, Torten, Schokolade etc.), die in der Familienkost oft in zu hohen Mengen üblich sind. Manche Eltern drücken bei ihrem pausbäckigen Nachwuchs gern ein Auge zu, denn eine bewusste Verhaltensänderung im Bereich Ernährung und Bewegung ihres Kindes bedeutet oft auch für sie selbst ein Aufgeben lieb gewonnener Gewohnheiten. Kein Wunder also, dass im Alter zwischen 8 und 14 Jahren etwa 15 % der Kinder zu dick sind.

Bedenken Sie, welchem emotionalen und sozialen Druck übergewichtige Kinder und Jugendliche ausgesetzt sind! Beherzigen Sie folgende Punkte, wenn Ihr Kinderarzt kalorienärmere Kost empfiehlt:

• Im Kleinkindalter ist keine „Diät" im herkömmlichen Sinn notwendig! Allein durch eine **Reduktion des Übermaßes an Nahrung** und durch etwas **mehr Bewegung** wird Ihr Kind während des Wachstums seine Körperform verändern.

• **Lassen Sie die Änderungen am Familientisch** eher **unbemerkt einfließen.** Für Kinder sind Erklärungen zum Thema kaum fassbar. Deuten Sie nicht darauf hin, dass sich hier ein Problem anbahnt, sondern ändern Sie lieber schrittweise und behutsam die Umstände, die für das Übergewicht verantwortlich waren. Halten Sie sich selbst an die Spielregeln, die Sie einführen wollen.

• Bauen Sie gemeinsame **Bewegung** in den Tagesplan ein, sollte Ihr Kind dazu Anregung brauchen. Grenzen Sie weiters die Zeit vor dem Fernsehgerät bzw. Computer nach und nach ein. Sitzende Spiele sind dazu kein Ausgleich – gemeinsames Turnen, Tanzen, Ballspielen und Spazierengehen schon! Finden Sie heraus, was Ihnen gemeinsam Freude macht und nutzen Sie die Angebote in Ihrer Umgebung!

• **Sparen Sie** bei der Zubereitung der Nahrung folgendermaßen **Fettkalorien ein:** Schränken Sie die Verwendung von Schmalz, Butter, Rahm (Sahne) und Creme fraiche ein, und messen Sie die benötigte Menge an Öl für Salat und Saucen immer ab! Beim Anbraten oder Zubereiten von Palatschinken (Pfannkuchen) können Sie Fett sparen, wenn Sie das Öl für die Pfanne mit einem Teelöffel abmessen, mit einem Naturhaarpinsel auftragen oder das erhitzte Öl in eine Tasse gießen, sodass nur ein dünner Fettfilm in der Pfanne bleibt. Bei fettreichen Suppen sollten Sie die „Fettaugen" abschöpfen oder mittels eines saugfähigen Küchenpapiers abheben.

• Backen Sie Kartoffeln oder Pommes im Rohr (Ofen), statt sie in viel Öl zu frittieren! **Bevorzugen Sie Gekochtes, Gedämpftes, Gegrilltes** oder **in Folie**

Gebackenes, z. B. Grillhenderl (-huhn) statt Backhenderl! Schränken Sie Frittiertes oder Paniertes auf max. einmal pro Monat ein und lassen Sie diese Lebensmittel nach der Zubereitung kurz auf einem Gitter oder auf saugfähigem Küchenpapier abtropfen! **Der Vergleich zeigt: Panierte und in Öl herausgebackene Lebensmittel enthalten die 2- bis 4-fache Menge an Fett!**

150 g Schnitzel natur	= 190 kcal
150 g Schnitzel paniert	= 520 kcal
200 g Kartoffel	= 140 kcal
200 g Pommes	= 510 kcal

• Die meisten Wurstwaren (Bratwurst, Leberkäse / Fleischkäse etc.) enthalten relativ viel verstecktes Fett, sie sollen deshalb – auch wenn sie bequem zuzubereiten sind – nicht allzu oft angeboten werden. Als Belag für das Abend- oder Pausenbrot sind geschnittener **magerer Braten, Schinkenwurst, Schinken** oder **Geflügelwurst** besser geeignet.

• Greifen Sie zu **fettärmeren Käsesorten, zu Magerjoghurt** und **Magertopfen (-quark),** solange das Körpergewicht Ihres Kindes oberhalb der Gewichtskurve liegt. Lassen Sie Doppelrahmkäse und Rahmkäsesorten lieber im Regal liegen und achten Sie auf den Fettgehalt bei allen Milchprodukten. Magertopfen (-quark) und Magerjoghurt lassen sich ebenso gut in Fruchtcremen oder Frühstücksflocken verwenden.

• Versuchen Sie den **Süßhunger** des Kindes statt mit fettreichen Süßigkeiten (z. B. Schokolade, Keksen, Kuchen) **durch mäßig gesüßte Hauptspeisen** (z. B. Topfenknödel mit frischer Fruchtsauce, Vollkorn-Reisauflauf mit Äpfeln, Grießkoch mit etwas Kakao) zu **stillen!** Diese enthalten wichtige Milchprodukte und bewirken zudem eine längere Sättigung, durch ballaststoffreiches Vollkorngetreide.

Wählen Sie **Vollkorn-Obst-Kuchen** statt Creme-Torte und die Tüte Maroni (Maronen) statt der Kekse als Snack zwischendurch! Bemühen Sie sich, die empfohlene Menge an **Süßigkeiten** einzuhalten. Wird von Besuchern mehr mitgebracht, so sollte es **in Tagesportionen eingeteilt** werden.

• Achten Sie auf ein gutes Frühstück, die **richtige Zwischenmahlzeit** und ein ausreichendes Mittagessen, damit sich nicht Heißhunger auf Süßes einstellt. Vollkornbrot, Grahamweckerln (Kleiebrötchen) und Beilagen aus Vollkorngetreide helfen, die Sättigung länger anhalten zu lassen. Für Schleckermäuler darf Süßes daher am ehesten ein Vollkornkuchen sein.

• Werfen Sie bei häufig verwendeten **Fertigprodukten** einen Blick auf das Etikett. Stehen Fett, Öl bzw. Zuckerarten (☞ Seite 97) an vorderer Stelle der Zutatenliste, dann sollten Sie zu **kalorienärmeren Produkten** greifen.

• Eine große Kalorienquelle sind fettreiche Chips und Erdnussknabbereien.

Nüsse enthalten viel Fett! Bieten Sie auf Partys eher Salzstangen, Popcorn oder kleine Brezeln an! **Gemüsestreifen mit Dip** eignen sich ebenfalls **als** frische **Knabberei** zwischendurch.

• **Vermeiden Sie stark zuckerhaltige Getränke** (Limonaden, Dicksaft, Eistee) und suchen Sie alternative, attraktive Durstlöscher, z. B. Fruchttee-Obstsaft-Gemische!

Normalerweise wird es nicht notwendig sein, überdies mit Kalorientabellen bewaffnet einen Kampf gegen den Babyspeck zu beginnen. Unter Berücksichtigung obiger Punkte sollte das Gewicht bald in den Normalbereich rutschen. Anderenfalls ist es hilfreich, ca. 1 Woche lang die Speisen in den vom Kind verzehrten Mengen aufzulisten und mit diesem Ernährungsprotokoll fachliche Hilfe beim Kinderarzt, einer Ernährungswissenschafterin (Dipl. Oecotrophologin) oder Diätologin (Diätassistentin, in der Schweiz: Dipl. Ernährungsberaterin) zu suchen.

... mein Kind überaktiv ist?

Ist Ihr Kind extrem quirlig, ausgesprochen aktiv und ständig abgelenkt dann kann das entweder in seiner lebhaften Natur liegen, zum Krankheitsbild „hyperkinetisches Syndrom" gehören oder durch andere **äußere Faktoren** begründet sein.
Seitens der Nahrung sind es vor allem **koffeinhaltige Getränke** (☞ Schwarz-

tee, Kaffee, Colagetränke, Eistee, Energydrinks) die für Überaktivität verantwortlich sein können. Dies trifft auch dann zu, wenn das Koffein **in Süßigkeiten** versteckt ist – in Colagummi, Kaffee- oder Colaeis, Guarana-Kaugummi, Kaffeeschokolade bzw. in Kaffeekonfekt. Diese Auslöser sollten Sie als Erstes aufspüren und vermeiden, wenn Ihr Kind zu „aufgekratzt" ist.
Einige Kinder sind auch lebhafter nach dem Verzehr größerer Mengen von Zucker. **Jede Art von Zucker** (Trauben-, Frucht-, Haushaltszucker, Sirup oder Honig) gelangt sehr schnell in den Körper und **erhöht sprunghaft den Blutzuckerspiegel.** Dadurch wird ein enormes Maß an Energie bereitgestellt und so manches Kind setzt diese Energie umgehend bei Spiel und Sport frei. Bieten Sie in diesem Fall mehrere Zwischenmahlzeiten mit Milchprodukten oder kleinen Brötchen an, damit die Blutzuckerschwankungen nicht zu groß sind.

In einer Umwelt, in der Kinder sich nicht mehr ausreichend bewegen dürfen, fallen angeborene und erworbene Unterschiede im Bewegungsdrang besonders auf. Vom **„Hyperkinetischen Syndrom"** spricht man erst bei auffälliger motorischer Unruhe, die oft mit **Koordinations- und Konzentrationsstörungen** einhergeht.
Das „verhaltensoriginelle" Kind kann dann nie ruhig sitzen oder eine angefangene Beschäftigung abschließen. Kommen **extreme Stimmungsschwankungen,** Herrschsüchtigkeit, Aggressivität, Groll, Zorn etc. dazu und begin-

nen die Beziehungen zum Kind darunter zu leiden, dann ist unbedingt ärztlicher Rat einzuholen.

Die **Ursachen** für die hyperkinetische Störung können vielfältig sein. Bei einigen Kindern mag die Wurzel **im psychischen Bereich** liegen, andere reagieren vielleicht sensibel auf den **Phosphatgehalt der Nahrung** und auch die Möglichkeit einer unerkannten allergischen Reaktion (z. B. auf zugesetzte Farbstoffe) besteht. Neuere Studien machen für die überschießenden Reaktionen in den meisten Fällen eine **ungewöhnliche Arbeitsweise der Botenstoffe im Gehirn** verantwortlich. Ferner **scheinen Bewegungen, die Selbstbeherrschung erfordern** – beispielsweise Trampolinspringen, Jonglieren, Fahren mit Pedalos und Rollbrettern – **die Konzentrationsfähigkeit** dieser Kinder **zu verbessern.**

... mein Kind unter Verstopfung leidet?

Die wohl häufigste Anfrage von Eltern dreht sich um Verdauungsprobleme. Sie sollten folgende Überlegungen anstellen, wenn Ihr Kind unter seltenem und hartem Stuhlgang leidet und es sich jedesmal regelrecht dabei abmühen muss:

• **Trinkt das Kind ausreichend?** Wenn die Niere und der Darm Flüssigkeit einsparen müssen, dann kann dies zu hartem Stuhl führen. Speziell **Vollkornprodukte, die ungequollen gegessen**

werden, wie Vollkornbrot oder Müsliflocken, **können das Problem vergrößern,** wenn Ihr Kind ohnehin **wenig trinkt.** Dann müssen Sie darauf achten, dass die feste Nahrung mit ausreichend „flüssiger" Kost ergänzt wird.

Saucen, Suppen, Obst und Gemüse liefern viel Wasser. Bei Getreideprodukten sollen solche, die weich gekocht werden können, bevorzugt werden. Zum Frühstück können evtl. Milchreis oder (Vollkorn)grießbrei als Alternative zu Brot angeboten werden.

• Häufigste **Ursache** für Verstopfung ist eine **ballaststoffarme Ernährung** auf der Basis von Weißmehlprodukten. Zumindest die **Hälfte der Getreideprodukte** soll daher aus **Vollkorngetreide** bestehen.

Mit genügend Flüssigkeit putzen sie den Darm durch und sorgen für eine regelmäßige Verdauung. **Steigen Sie** bei Verstopfung jedoch **sanft** auf Vollkornprodukte **um!** Vollkorntoast und Grahamweckerln (Kleiebrötchen) sind ein guter erster Ersatz für Weißbrot. Als Beilagen sind Polentaknödel (Maisgrießbällchen), Grünkernnockerln oder Vollkornteigwaren bestens geeignet. Auch Süßspeisen und Kuchen sollten zumindest teilweise aus Vollkorngetreide bestehen.

• Für Erwachsene werden häufig Kleie und andere Ballaststoffpräparate zur Anregung der Verdauung eingesetzt. **Isolierte Kleie,** wie es sie im Reformhaus zu kaufen gibt, ist als Lebensmittel für Ihr Kleinkind **nicht geeignet.** Sie zählt – wie **Müsligetreideflocken und Frischkornschrot –** zu den rohen Getreideprodukten, die **keinesfalls vor dem 3. Lebensjahr** angeboten werden sollen. Darüber hinaus ist Kleie eher scharfkantig und deswegen für Kindermägen nicht ideal.

Verwenden Sie stattdessen als Suppeneinlage oder – ab dem 3. Lebensjahr – als Müsli feine **Vollkornhaferflocken**!

• **Lassen Sie Ihrem Kind Zeit, gut zu kauen!** Wird das Essen zu hastig hinuntergewürgt belastet dies den Darm. Achten Sie auf ausreichend Zeit für die Mahlzeiten und zerkleinern Sie die Speisen entsprechend den Fähigkeiten Ihres Kindes!

• **Typisch stopfende Lebensmittel –** Bananen, Karotten (Möhren, Rueblio), Schokolade – **sollten Sie vom Speiseplan streichen.** Vereinzelt reagieren Kinder auf Reis mit härterem Stuhl.

• Milch- und Milchprodukte sind Lebensmittel, welche die Verdauung eher anregen. **Milchzucker** wird bei Verstopfung meist auch isoliert verabreicht, er wird aus Süßmilchprodukten gewonnen. Weiters können **Milchsäurebakterien aus Sauermilchprodukten und aus Joghurt** die Darmflora fördern und so die Darmtätigkeit anregen. Spezielle probiotische Joghurts verbessern die Verdauung (☞ Seite 67).

• Rohes Sauerkraut oder Sauerkrautsaft enthält auch viele unterstützende Milchsäurebakterien. Rohes Sauerkraut lässt sich mit geriebenen Äpfeln oder kleinen Mengen an Karottenrohkost vermengen, so entsteht ein vitaminreicher Salat, der die Verdauung fördert. Meist ist dies allerdings für den kindlichen Geschmack etwas zu sauer und muss vor der Zubereitung kurz in kaltem Wasser gespült werden.

• Als verdauungsanregende Zwischenmahlzeit bietet sich **klein geschnittenes Trockenobst** an, das Sie in einem Becher Joghurt mind. 1 Stunde quellen lassen. Dörrzwetschken (-zwetschgen, -pflaumen), Apfelringe oder getrocknete Feigen verfügen über Ballaststoffe und sind ein sanftes Mittel gegen Verstopfung. Auch frisches Obst (z. B. Birnen) kann hilfreich sein.

• Das Gewürz **Ysop** hat verdauungsfördernde Wirkung. Dieses Gewürz, das dem Bohnenkraut ähnelt, ist bei uns eher selten in Verwendung. Hie und da sind Ysop-Pflanzen als Gewürzstock erhältlich. Auch dem Dornschlehenblüten-Tee wird lindernde Wirkung bei Verstopfung zugeschrieben.

... mein Kind Durchfall hat bzw. erbricht?

Sowohl Durchfall als auch Erbrechen zeigen deutlich, dass das Kind die Nahrung nicht verträgt. Verursacht werden diese Schnellreaktionen des Körpers meist durch **Krankheitserreger oder durch giftige Ausscheidungen von Bak-**

terien, die sich bei mangelnder Hygiene in der Nahrung befinden und vermehren können. Typische Beispiele sind Darmgrippe oder Salmonellenvergiftung (☞ Seite 84). Auch Schimmelpilze, wie sie in verdorbenem Obstsaft oder -mus zu finden sind, kommen als Auslöser in Frage. Lassen Sie die Ursache unbedingt vom Kinderarzt abklären!

Leiden Kleinkinder längere Zeit an Durchfall, kommt es zu einem **starken Wasser- und Mineralstoffverlust.** Abhängig vom Alter, vom allgemeinen Gesundheitszustand des Kindes und von der Schwere der Durchfallserkrankung kann es bald zu einem **bedrohlichen Mangel** kommen. **Der Kinderarzt ist unbedingt rasch zu Rate zu ziehen,** besonders wenn der Stuhlgang häufiger als 3-mal täglich erfolgt!

Die Speisen und Getränke, die während der Durchfallsphase angeboten werden, müssen die Verluste an Flüssigkeit und Mineralstoffen ausgleichen und dürfen den Darm nicht zusätzlich belasten. **Schwarztee, Cola und Salzstangen** sind – entgegen der weit verbreiteten Meinung – als Nahrung des kleinen Patienten **nicht die 1. Wahl,** da sie die fehlenden Mineralstoffe nicht ausgewogen ersetzen. Cola und Schwarztee wirken zudem aufputschend.

Zum Ausgleichen des Salzverlustes sind **klare Suppen oder Haferflockensuppen ohne Rahm (Sahne)** geeignet. Zusätzlich sollen nach Belieben **warmer Kräuter- bzw. Früchtetee oder Wasser** angeboten werden. Meiden Sie

sehr heiße bzw. sehr kalte Getränke oder Speisen. Apfelmus oder -kompott eignet sich als schonende Erstkost. Bananen und gekochte (Butter)karotten (-möhren) liefern ebenfalls Mineralstoffe und haben stuhlfestigende Wirkung. Als 1. „Beilagen" sind Zwieback und Toast, Reis und Teigwaren zu nennen. Kartoffelpüree, Weißbrot und Topfen (Quark) bzw. mildes Joghurt können als nächste Speisen angeboten werden. Nach und nach werden dann weitere leichte Lebensmittel dazugenommen.

Schwerer Verdauliches soll vorerst **vermieden werden,** dazu zählen alle fettreichen Speisen und Saucen (Pommes frites, Mayonnaise, fette Backwaren), stark gewürzte Gerichte, Geräuchertes, scharf angebratenes Fleisch, hart gekochte Eier, verschiedene Kohlgemüse, diverse Salate (z. B. Kartoffelsalat, Gurkensalat), Hülsenfrüchte (Bohnen, Linsen), sowie rohes Stein- und Kernobst. Speisen, die Ihr Kind auch normalerweise nicht gut verträgt, sollen ebenfalls weggelassen werden.

Vereinzelt können Durchfall und Erbrechen Symptome einer allergischen Reaktion sein. Treten die Beschwerden offensichtlich immer nach dem Genuss bestimmter Lebensmittel auf (z. B. auf Vollmilch, Roggenbrot, Avocado) dann ist dies mit dem Arzt abzuklären.

... mein Kind allergiegefährdet ist?

Kinder, deren Eltern oder Geschwister bereits eine Allergie haben, werden als „allergiegefährdet" bezeichnet. Im 1. Lebensjahr sind diese Kinder in Sachen Ernährung strikten Beschränkungen unterworfen.

Durch langes Stillen können Allergien in vielen Fällen verhindert werden und eine vorsichtige Einführung der einzelnen Beikostlebensmittel gewährleistet ein rasches Auffinden und Zuordnen unverträglicher Zutaten.

Auch beim Übergang von Säuglings- auf Kleinkindernährung ist noch Vorsicht geboten, aber Ihr Kind darf in den folgenden Monaten nach und nach alle fehlenden Grundnahrungsmittel kennenlernen. Dabei sollten Sie jedoch auch weiterhin nicht mehrere neue Lebensmittel gleichzeitig anbieten, damit bei evtl. auftretenden allergischen Reaktionen Rückschlüsse möglich sind.

> **Allergie-Prävention:**
> *Besondere Beachtung verdienen die wichtigsten Allergieauslöser:*
> • *Milch,*
> • *Fisch, Eier und Soja*
> • *Nüsse, Zitrusfrüchte*
> *Sie sollen im 1. Lebensjahr gänzlich vermieden werden.*

Vereinzelt raten Wissenschafter auch im 2. Lebensjahr bei diesen Lebensmitteln zur Vorsicht und zu möglichst später Einführung in den Speiseplan. Neuere Studien zeigen jedoch, dass ein zu langes Hinauszögern auch nicht sinnvoll ist, weil sich das Immunsystem in jüngeren Jahren besser auf die Fremdeiweiße einstellt.

Wenn das Kind bisher noch mit einer HA-Nahrung ernährt wurde und noch nicht auf PRE oder 1er umgestellt wurde, dann wird meist im 13. Lebensmonat schrittweise auf **Kuhmilch** umgestiegen. Testen Sie in dem Fall als ersten Schritt, ob das Kind wenige Tropfen Milch, die auf den Handrücken geträufelt und verrieben wurden, ohne Hautreaktion verträgt! Erst dann erfolgt der Umstieg auf pasteurisierte Milch.

Langsam können einfache Milchprodukte ausprobiert werden. Sie können als zusätzlichen Zwischenschritt auch zuerst zu PRE- oder 1er-Nahrung wechseln und nach dem Aufbrauchen einer Packung auf Milchprodukte umsteigen.

Beginnen können Sie prinzipiell mit einigen Schlucken verdünnter Milch (Zwei-Drittel-Milch) oder wenigen Löffeln eines milden Joghurts. Wählen Sie dazu möglichst eine BIO-Frischmilch oder etwas BIO-Joghurt. Beobachten Sie Ihr Kind während der nächsten 2 – 3 Wochen der Umstellung genau auf mögliche Allergiesymptome (Verdauungsprobleme, Hautreaktionen, Atembeschwerden), und erhöhen Sie die Menge an Milchprodukten langsam wie schon im Kapitel *„Milch"* empfohlen (☞ Seite 61)

Lassen Sie sich für den Umstieg auf Milchprodukte zumindest 1 bis 2 Wochen Zeit! Vermeiden Sie in diesen Wochen andere neue Lebensmittel oder sonstige neue Allergiequellen (Waschmittel, Cremen etc.), damit evtl. auftretende Reaktionen zugeordnet werden können!

Hühnerei ist Bestandteil vieler Speisen und Fertiggerichte (z. B. Eierteigwaren, Backwaren). Manche Eltern wollen lieber Hühnerei statt Milch als 1. „großen Allergieauslöser" ausprobieren, wenn sie an die glänzenden Kinderaugen angesichts der 1. Geburtstagstorte denken. Rezepte für eifreie Geburtstagskuchen finden Sie in unserem Buch *„Rezepte und Tipps für Babys Beikost"*, ☞ weiterführende Literatur.

Bieten Sie zuerst Eier in kleineren Mengen innerhalb einer Speise (z. B. Kuchen, Teigwaren) an. Wenn keine – wie auch immer geartete – Reaktion erfolgt, können Sie 2 Tage darauf nochmals etwas Eihaltiges anbieten und bald darauf sogar ein ganzes Ei (z. B. in einem Brei) verwenden.

Das Ei muss selbstverständlich nach wie vor abgekocht werden, um der Gefahr einer Salmonellenvergiftung zu entgehen. Nähere Informationen dazu und zu den altersgemäß empfohlenen Mengen finden Sie im Kapitel über ☞ Eier auf Seite 83.

Hühnerei im 2. Lebensjahr
Wenn Sie zuerst das Ei einführen wollen, nehmen Sie bitte in derselben Woche kein weiteres Lebensmittel neu dazu! Manche Wissenschafter raten, Eier auch im gesamten 2. Lebensjahr zu meiden. Dies ist jedoch aus meiner Sicht nur dann wirklich notwendig, wenn in der Familie bereits eine Allergie auf Eier oder Vogelfedern – hier sind Kreuzreaktionen bekannt – existiert.

Als nächste Stufe könnten **Zitrusfrüchte** in den Speiseplan integriert werden. Am mildesten und bei den Kindern am beliebtesten sind sicherlich Mandarinenspalten. Diese sind jedoch nicht zu jeder Jahreszeit erhältlich.
Sie können aber auch mit einer kleinen Menge selbst gepresstem Orangensaft beginnen, diesen über mehrere Tage als einziges neues Lebensmittel anbieten und evtl. Reaktionen beobachten.

Erdbeeren werden ebenfalls oft erst im 2. Lebensjahr angeboten. Bei den Reaktionen auf Erdbeeren handelt es sich jedoch meist nicht um klassische Allergien, bei denen schon geringste Mengen Symptome hervorrufen, sondern um Unverträglichkeitsreaktionen, weil Erdbeeren viel Histamin enthalten.
Eine Erdbeere wird oft problemlos vertragen, aber eine große Menge Erdbeeren löst Reaktionen aus. Bieten Sie Erd-

beeren anfangs nur in kleinen Mengen (1 – 3 Stück) an und erhöhen Sie die Menge langsam.

Wenn Sie **Soja** als häufiges Lebensmittel in der Familienkost verwenden und die Vermeidung von Soja im 2. Lebensjahr als Einschränkung empfinden, können Sie nun – also etwa im 15. Lebensmonat – Sojaprodukte (Tofu, Sojamilch) im Speiseplan ausprobieren. An sich ist es besser, Soja ebenso wie Meeresfisch und bestimmte Nüsse erst nach dem 2. Geburtstag anzubieten.

Manche Experten raten, **Meeresfisch** erst im 3. Lebensjahr zu verwenden. Beginnen Sie also davor mit Süßwasserfischen (Saibling, Forelle) und achten Sie darauf, dass die Fischstückchen grätenfrei sind! Bei Meeresfischen ist das Eiweiß in allen Sorten so ähnlich, dass allergische Reaktionen (fast) immer auf alle gemeinsam auftreten. Halten Sie sich daher an die Empfehlungen im Kapitel „*Fisch*" ☞ Seite 79, und beachten Sie evtl. auftretende Symptome!

Wenn **Nüsse** als neue Nahrung dazukommen, sollten Sie zuerst mit Mandeln (☞ Seite 87) und Sesam beginnen, da diese besonders verträglich sind. Etwas später können dann Walnüsse und Sonnenblumenkerne dazukommen. Hasel- und Erdnüsse lösen am häufigsten Allergien aus. Sie sollen am besten erst nach dem vollendeten 2. Lebensjahr angeboten werden.

Noch ein wichtiger Hinweis:
Bei Haselnüssen sind Kreuzreaktionen zu rohen Äpfeln und Birkenpollen bekannt. Wenn Ihr Kind keine Äpfel verträgt oder unter Heuschnupfen leidet, sind Haselnüsse daher längerfristig zu meiden! Sprechen Sie unbedingt mit Ihrem Kinderarzt!

In fast jeder Schokolade (abgesehen von Bitterschokolade) sind Nüsse zur Abrundung des Geschmackes enthalten.
Weihnachtskekse, Schokoladeprodukte, und Nuss-Schokolade-Brotaufstriche sind sehr häufig Quellen einer Nussallergie und sollten daher möglichst lange vermieden werden!
Dass das Kind sich an Nüssen verschlucken kann, ist eine Gefahr, die Sie ebenfalls nicht außer Acht lassen sollten!

Auch im 2. und 3. Lebensjahr brauchen Kleinkinder generell **keine außergewöhnlichen Speisen** für ihren Gaumen, sondern bevorzugen die bodenständige Küche. Sie sollten daher auch im 2. Lebensjahr den Speiseplan nicht unbedingt mit einer allzu großen Auswahl an exotischen Speisen füllen.

Beispielsweise lassen sich Avocados, die gar nicht so selten Allergien hervorrufen, sicherlich noch längere Zeit vermeiden! Treten nach dem Genuss eines Lebensmittels trotz aller Vorsichtsmaßnahmen **sofort oder innerhalb von 72 Stunden Reaktionen** auf, die eventuell allergische Symptome sein könnten, so sprechen Sie bitte mit Ihrem Kinderarzt!

Lebensmittelallergien können sich in folgenden Symptomen äußern:

• **Verdauungsbeschwerden:** ☞ Durchfall, ☞ Blähungen, Erbrechen, Bauchschmerzen manchmal zusätzlich verschleimter Stuhl

• **Atopische Dermatitis:** Ekzem oder juckender, roter Hautausschlag (z. B. Neurodermitis) oft an besonders empfindlichen Stellen (z. B. in den Ellenbeugen) oder am gesamten Körper

• **Allergische Rhinitis:** häufiger, fließender Schnupfen ohne Infektion

• **Allergisches Asthma:** hörbare Atemgeräusche bzw. häufiger Husten ohne Infektion

Da nicht jede Verdauungsstörung eine allergische Reaktion und nicht jeder Ausschlag das Zeichen einer Allergie ist, sollten Sie auf keinen Fall von vornherein davon ausgehen, dass es sich um eine Allergie handelt. Lassen Sie die Symptome von einem auf Allergien spezialisierten Kinderarzt beurteilen, bevor Sie ein verdächtiges Lebensmit-

Treten SOFORT nach dem Genuss eines Lebensmittels oder einer Speise allergische Reaktionen auf, dürfen Sie ein 2. Mal nur unter ärztlicher Aufsicht gegeben werden! Es besteht die Gefahr einer schockartigen Reaktion, (sog. „anaphylaktischer Schock"). Dieser tritt zwar sehr selten auf, ist aber höchst gefährlich, weil dabei Atemtätigkeit und Herzfunktion beeinträchtigt werden können! Informieren Sie bitte den Arzt!

tel auf Dauer aus dem Speiseplan nehmen. Speziell bei **Neurodermitis** steckt nicht immer eine Lebensmittelallergie dahinter, und es kann durch starke Einschränkungen bei der Nahrungsmittelauswahl zu einer unzureichenden Versorgung mit Nährstoffen kommen. Nur wenn sich die Symptome nachweislich und wiederholt bei Einnahme eines bestimmten Lebensmittels verschlechtern, sollte dieses Lebensmittel gemieden werden!

Besonders bei verzögerten Reaktionen oder bei Neurodermitis lassen sich einzelne Lebensmittel oft nur schwer als Auslöser erkennen.

Unterstützend bei der **Diagnose** hilft ein **„Essenstagebuch"**. Dabei werden in einem Kalender mit Stundeneinteilung auffällige Reaktionen des Kindes den aufgenommenen Speisen und Getränken gegenübergestellt.

*Ist das **Kind hochempfindlich**, hat es beispielsweise Neurodermitis, kann eine künftige Reaktion auf Nahrungsmittel nicht ausgeschlossen werden. Dann sollten **alle typischen Auslöser** von Allergien vor dem ersten Anbieten **auf dem Handrücken des Kindes getestet** werden! Treten dort nach dem Kontakt mit dem Lebensmittel Hautrötungen oder sonstige Reaktionen auf, dann ziehen Sie bitte sofort einen Kinderarzt zu Rate!*

Sollte Ihr Kind wirklich an einer Allergie erkrankt sein, so ist im Kleinkindalter die Wahrscheinlichkeit hoch, dass diese Allergie innerhalb von 1 – 3 Jahren von selbst verschwindet, wenn der Auslöser über den Zeitraum konsequent gemieden wird. Dies ist nicht immer einfach, da viele Speisen und Fertigprodukte sehr komplex zusammengesetzt sind und manchmal Zutaten „versteckt" enthalten.

Lassen Sie sich im Zweifelsfall von Ernährungsfachkräften beraten. Ihr Kinderarzt oder der Informationskreis Kind und Ernährung (☞ siehe Seite 154) hilft Ihnen gerne weiter.

ABKÜRZUNGEN

1er	Säuglingsflaschennahrung 1, ☞ PRE
2er	Säuglingsflaschennahrung 2, Folgenahrung
3er	Säuglingsflaschennahrung 3, Folgenahrung
°C	Grad Celsius
bzw.	beziehungsweise
ca.	circa
dl	Deziliter (1/10 Liter)
EHEC	Enterohämorrhagische Escherichia Coli
EL	Esslöffel
ESL-Milch	Extended Shelf Life-Milch („Länger-frisch-Milch")
evtl.	eventuell
F.i.T.	Fett in der Trockenmasse
HA-Nahrung	Hypoallergene Säuglingsmilch
H-Milch	Haltbarmilch
inkl.	inklusive
l	Liter
g	Gramm
kcal	Kilokalorie, im Sprachgebrauch „Kalorie"
kg	Kilogramm
kJ	Kilojoule
max.	maximal
mg	Milligramm
Min.	Minuten
mind.	mindestens
ml	Milliliter
MSC	Marine Stewardship Council
PRE	Säuglingsflaschennahrung PRE, Anfangsflasche
Stk.	Stück
TCM	Traditionelle Chinesische Medizin
TL	Teelöffel
%	Prozent
z. B.	zum Beispiel
UVP	unverbindliche Preisempfehlung (Schweiz)

WEITERFÜHRENDE LITERATUR

Allergie

„Allergie(-risiko) –
Was darf mein Baby essen?"
(2. Auflage), Ute Körner
aid Infodienst 2006
ISBN 978-3-8308-0568-7
€ 3,– (D) / € 3,10 (A)

„Lebensmittelallergie Neurodermitis –
Was darf mein Kind essen?"
(2. Auflage), Ute Körner
aid Infodienst 2003
ISBN 978-3-8308-0356-0
€ 2,50 (D) / € 2,60 (A)

**„Essen und Trinken bei
Lebensmittelallergien"**
(4. Auflage), DGE-infothek 2001
ISBN 978-3-88749-156-7
€ 0,50 (D) / € 0,60 (A)

**„Antworten auf die 111 häufigsten
Fragen zu Allergie und Asthma"**
(1. Auflage), Deutscher Allergie-
und Asthmabund e.V.
MVS Medizinverlage Stuttgart 2004
ISBN 978-3-8304-3126-8
€ 12,95 (D) / € 13,40 (A) / CHF 24,30 UVP

**„Die Ernährung
des allergischen Kindes"**
Ursula Drouve und Martin Schöni
Wissenschaftliche Verlagsgesellschaft
1995, ISBN 978-3-8047-1371-0
€ 17,40 (D) / € 17,90 (A) / CHF 27,80 UVP

**„Der große TRIAS-Ratgeber
Nahrungsmittel-Allergien"**
(2. Auflage), Claudia Thiel
MVS Medizinverlage Stuttgart 2004
ISBN 978-3-8304-3141-1
€ 19,95 (D) / € 20,60 (A) / CHF 34,90 UVP

Lebensmittel und Zubereitung

**„Pfiffige Rezepte für
kleine und große Leute"**
(3. Auflage), Ingeborg Hanreich
und Britta Macho
Verlag I. Hanreich 2006
ISBN 978-3-901518-01-0
€ 15,– (D, A) / CHF 27,30 UVP

**„Coole Rezepte für Jausen,
Pausen und Feste"**
(1. Auflage), Ingeborg Hanreich
und Britta Macho
Verlag I. Hanreich 2003
ISBN 978-3-901518-06-5
€ 15,– (D,A) / CHF 27,30 UVP

„Joghurt, Käse, Rahm & Co –
Gesundes aus Milch selbst gemacht"
(2. Auflage), Lotte Hanreich
und Ingeborg Hanreich
Leopold Stocker Verlag 2003
ISBN 978-3-7020-0878-9
€ 14,95 (D,A) / CHF 27,40 UVP

„Käsen leicht gemacht"
(8. Auflage), Lotte Hanreich
und Edith Zeltner
Leopold Stocker Verlag 2007
ISBN 978-3-7020-1164-2
€ 19,90 (D,A) / CHF 33,50 UVP

Säuglings- und Kleinkindernährung

„Essen und Trinken im Säuglingsalter"
(5. Auflage), Ingeborg Hanreich
Verlag I. Hanreich 2007
ISBN 978-3-901518-00-3
€ 16,50 (D,A) / CHF 30,– UVP

„Rezepte und Tipps für Babys Beikost"
(5. Auflage), Ingeborg Hanreich
und Britta Macho
Verlag I. Hanreich 2005
ISBN 978-3-901518-08-9
€ 19,40 (D) / € 19,90 (A), CHF 34,60 UVP

„Fakten zur Kinderernährung"
(1. Auflage), Mathilde Kersting,
Ute Alexy und Nicole Rothmann
(Forschungsinstitut für
Kinderernährung Dortmund)
Hans Marseille Verlag 2003
ISBN 978-3-88616-108-9
€ 24,– (D) / € 24,70 (A), CHF 47,– UVP

ADRESSVERZEICHNIS

Buchbestellungen Verlag I. Hanreich

Österreich, Europa

Verlag I. Hanreich – Verlag und
Direktvertrieb
Esterhazygasse 7/2, A-1060 Wien
Tel.: (+43 1) 504 28 29-1
Fax: (+43 1) 504 28 29-4
E-Mail: bestellung@kinderkost.com
Internet: www.kinderkost.com

Deutschland

Dipl. oec.troph. Ehrentraud Hansen
Maasbüllhof 1, D-24975 Maasbüll
Tel.: (+49 4634) 93 04 55
Fax: (+49 4634) 17 25
ehrentraud.hansen@kinderkost.com
Internet: www.kinderkost.com

Schweiz

Sonja Schär,
Mütter- und Väterberaterin
Lohstrasse 22, CH-8362 Balterswil
Tel.: (+41 71) 971 49 77
Fax: (+41 71) 971 49 76
E-Mail: sonja.schaer@kinderkost.com
Internet: www.kinderkost.com

Vereine, Verbände und Selbsthilfegruppen

Allergie

Deutschland

Arbeitsgemeinschaft
Allergiekrankes Kind e.V. (AAK)
Auguststraße 20, D-35745 Herborn
Tel.: (+49 2772) 92 87-0
Fax: (+49 2772) 92 87-9
E-Mail: koordination@aak.de
Internet: www.aak.de

Deutscher Allergie- und
Asthmabund e.V. (DAAB)
Fliethstraße 114
D-41061 Mönchengladbach
Tel.: (+49 2161) 814 94-0
Fax: (+49 2161) 814 94-30
E-Mail: info@daab.de
Internet: www.daab.de

Kindernetzwerk e.V.*
Hanauer Straße 15
D-63739 Aschaffenburg
Tel.: (+49 6021) 120 30
Fax: (+49 6021) 124 46
E-Mail: info@kindernetzwerk.de
Internet: www.kindernetzwerk.de

*Es werden Kontakte zu Eltern von allergiebetroffenen Kindern, zu Selbsthilfegruppen oder Kliniken, die sich auf bestimmte Erkrankungen spezialisiert haben, vermittelt.

Weitere Informationen erhalten
Sie unter:
www.allergie-experten.de,
www.allergie-asthma-online.de
und www.allum.de

Österreich
Österreichische Lungenunion
Obere Augartenstraße 26 – 28
A-1020 Wien
Tel. & Fax: (+43 1) 330 42 86
E-Mail: office@lungenunion.at
Internet: www.lungenunion.at

Schweiz
aha! Schweizerisches Zentrum
für Allergie, Haut und Asthma
Scheibenstrasse 20, CH-3014 Bern
Tel.: (+41 31) 359 90 50 infoline
Fax: (+41 31) 359 90 90
E-Mail: info@ahaswiss.ch
Internet: www.ahaswiss.ch

Lungenliga Schweiz
Südbahnhofstrasse 14 C
CH-3000 Bern 14
Tel.: (+41 31) 378 20 50
Fax: (+41 31) 378 20 51
Lungentelefon: (0800) 40 48 00
Di von 17.00 – 19.00 Uhr
E-Mail: info@lung.ch
Internet: www.lung.ch

Biologische Lebensmittel –
Information (z. B. Saisonkalender) und Anbieter

Deutschland
Bioland Bundesverband
Kaiserstraße 18, D-55116 Mainz
Tel.: (+49 6131) 239 79-0
Fax: (+49 6131) 239 79-27
E-Mail: info@bioland.de
Internet: www.bioland.de

Weitere Direktvermarkter bzw.
Naturkostläden finden Sie unter:
www.allesbio.de und
www.naturkost.de

Österreich
Bundesministerium für Land- und
Forstwirtschaft, Umwelt und Wasser-
wirtschaft (BMLFUW)
Stubenring 1, A-1012 Wien
Tel.: (+43 1) 711 00-0
Fax: (+43 1) 711 00-2140
E-Mail: biolebensmittel@
lebensministerium.at
Internet: www.biolebensmittel.at

Verband österreichischer
Umweltberatungsstellen
Hietzinger Kai 5/7, A-1130 Wien
Tel.: (+43 1) 877 60 99
Fax: (+43 1) 877 60 99-13
oesterreich@umweltberatung.at
Internet: www.umweltberatung.at

Schweiz
Bio Suisse
Margarethenstrasse 87, CH-4053 Basel
Tel.: (+41 61) 385 96 10
Fax: (+41 61) 385 96 11
E-Mail: bio@bio-suisse.ch

Internet: www.bio-suisse.ch
Verein bionetz.ch
Schwand, CH-3110 Münsingen
E-Mail: info@bionetz.ch
Internet: www.bionetz.ch

Weitere Informationen finden Sie
unter: www.coop.ch

Südtirol
Bioland Verband Südtirol
Steindlweg 48, I-39018 Terlan
Tel.: (+39 471) 25 69 77
Fax: (+39 471) 25 60 62
E-Mail: bioland@bioland-suedtirol.it
Internet: www.bioland-suedtirol.it

Verbraucherzentrale Südtirol (VZS)
Zwölfmalgreinerstrasse 2
I-39100 Bozen
Tel.: (+39 471) 97 55 97
Fax: (+39 471) 97 99 14
E-Mail: info@consumer.bz.it
Internet: www.consumer.bz.it

Ernährungsinformationen für Mutter und Kind

Deutschland
aid infodienst – Verbraucherschutz,
Ernährung, Landwirtschaft e.V. (aid)
Heilsbachstraße 16, D-53123 Bonn
Tel.: (+49 228) 84 99-0
Fax: (+49 228) 84 99-177
E-Mail: aid@aid.de
Internet: www.aid.de

Bundeszentrale für
gesundheitliche Aufklärung (BZgA)
Ostmerheimer Straße 220
D-51109 Köln
Tel.: (+49 221) 89 92-0
Fax: (+49 221) 89 92-300
E-Mail: poststelle@bzga.de
Internet: www.bzga.de

Deutsche Gesellschaft
für Ernährung e.V. (DGE)
Godesberger Allee 18, D-53175 Bonn
Tel.: (+49 228) 37 76-600
Fax: (+49 228) 37 76-800
Internet: www.dge.de

Forschungsinstitut für
Kinderernährung (FKE)
Heinstück 11, D-44225 Dortmund
Tel.: (+49 231) 79 22 10-0
E-Mai: fke@fke-do.de
Internet: www.fke-do.de

Österreich
Informationskreis Kind und
Ernährung (IKE)
Eltern-Hotline für Mitglieder:
Di & Do von 9.00 bis 11.00
(Mitgliedsbeitrag € 16,– / Jahr)
☞ Seite 154
Esterhazygasse 7/2, A-1060 Wien
Tel.: (01) 504 28 29-3
Fax: (01) 504 28 29-4
E-Mail: office@informationskreis.org
Internet: www.informationskreis.org

Österreichische Gesellschaft
für Ernährung (ÖGE)
Zimmermanngasse 3, A-1090 Wien
Tel.: (+43 1) 714 71 93
Fax: (+43 1) 718 61 46
E-Mail: info@oege.at
Internet: www.oege.at

Schweiz
Schweizerische Gesellschaft
für Ernährung (SGE)
Effingerstrasse 2, Postfach 8333
CH-3001 Bern
Tel.: (+41 31) 385 00 00
Fax: (+41 31) 385 00 05
E-Mail: info@sge-ssn.ch
Internet: www.sge-ssn.ch

Zahngesundheit

Deutschland
Deutscher Arbeitskreis für Zahnheil-
kunde (DAZ) Informationsstelle für
Kariesprophylaxe
Oberlindau 80 – 82
D-60323 Frankfurt am Main
Tel.: (+49 69) 24 70-6822
Fax: (+49 69) 70 76-8753
E-Mail: daz@kariesvorbeugung.de
Internet: www.kariesvorbeugung.de

Schweiz
Aktion Zahnfreundlich
Bundesstrasse 29, CH-4054 Basel
Tel.: (+41 61) 273 77 05
E-Mail: info@zahnfreundlich.ch
Internet: www.zahnfreundlich.ch

Vergiftungsnotruf (24 h Notfallnummer)

Deutschland

(0761)	192 40	Baden-Württemberg – Freiburg
(089)	192 40	Bayern – München
(0911)	398 24 51	Bayern – Nürnberg
(030)	192 40	Berlin – Berlin
(030)	192 40	Brandenburg – Berlin
(0551)	192 40	Bremen – Göttingen
(0551)	192 40	Hamburg – Göttingen
(06131)	192 40	Hessen – Mainz
(0361)	73 07 30	Mecklenburg-Vorpommern – Erfurt
(0551)	192 40	Niedersachsen – Göttingen
(0228)	192 40	Nordrhein-Westfalen – Bonn
(06131)	192 40	Rheinland-Pfalz – Mainz
(06841)	192 40	Saarland – Homburg / Saar
(0361)	73 07 30	Sachsen – Erfurt
(0361)	73 07 30	Sachsen-Anhalt – Erfurt
(0551)	192 40	Schleswig-Holstein – Göttingen
(0361)	73 07 30	Thüringen – Erfurt

Österreich

(01) 406 43 43	Wien

Schweiz

145	Zürich

STICHWORTVERZEICHNIS

A
Alkohol – 25, 29ff, 68, 94
Allergie – 68ff, 119, 131ff

B
Bio – 14, 38, 54, 60, 63ff, 75, 83, 93, 131
Brot – 15, 17, 33ff, 71, 73, 75, 88, 91, 96, 99, 101, 109ff, 112, 115, 119, 125ff, 128, 130
Butter – 87ff, 108ff

C
Calcium – 28, 59, 62, 69, 79, 95
Cola – 25, 27, 112, 116, 127, 130
Cornflakes – 35, 40, 64, 123

D
Dinkel – 34, 37
Durchfall – 22ff, 60, 63, 67ff, 76, 84ff, 99, 129ff, 134

E
Eier – 13, 15ff, 65, 72, 74, 79, 83ff, 105, 109, 130ff
Eis – 60, 75, 95
Eisen – 29, 33, 38, 71ff, 88, 91
Eistee – 25, 29, 31, 75, 127
Erbrechen – 22, 76, 84ff, 129ff, 134
Essmuffel – 24, 44, 46ff, 106, 117

F
Farbstoffe – 24, 27, 128
Fast Food – 10, 113ff
Fisch – 13, 15ff, 41, 65ff, 69, 71ff, 74ff, 79ff, 83, 88, 102, 105, 112ff, 115, 131, 133
Flasche – 109ff
Fleisch – 13ff, 50, 69, 71ff, 74, 76ff, 83, 85

F (Fortsetzung)
Frittiertes – 13, 125
Fruchtsaft u. -sirup – 22ff, 29, 69
Frühstück – 35, 39ff, 95, 106, 108ff, 116, 126, 128

G
Geflügel – 71ff, 75ff, 84ff, 125
Gegrilltes – 76ff, 88, 125
Gemüse – 14, 19, 26, 40, 43ff, 53ff, 71, 73ff, 76, 111, 113, 119, 128
Gemüsesäfte – 21
Geschmacksstoffe – 27ff, 30, 60
Getränke – 13, 15ff, 21ff, 47, 53, 59, 65, 69, 75, 93ff, 99, 108ff, 119, 127, 130, 134
Getreide – 13, 15, 17, 33ff, 50, 62, 66, 72ff, 96ff, 105, 108, 110, 128ff
Gift – 28, 34, 41, 43, 51, 57, 76, 85
Grüntee – 29
Guarana – 127

H
Hafer – 33, 35, 37, 39ff, 56, 69, 73ff, 108, 130
Haltbarmilch – 63
Hamburger – 111ff
Hirse – 19, 33ff, 37, 41, 73ff
Honig – 57, 95, 97ff, 127
Hülsenfrüchte – 13, 43, 50ff, 69, 72ff, 130
Hyperaktiv u. hyperkinetisches Syndrom – 10, 27, 29, 127

I
Innereien – 75, 77
Isotonische Getränke – 25

J
Jause – 56, 109ff

Jod – 13, 59, 79, 101ff
Joghurt – 22, 24, 39ff, 45, 59ff, 67ff, 73, 75ff, 90, 93, 101, 103, 108, 110ff, 114, 116, 123, 125, 129ff

K
Kaffee – 25, 29, 31, 75, 127
Kakao – 17, 60, 64, 66, 94, 109, 126
Käse – 17, 37, 44, 59, 61, 64, 66ff, 69, 74, 76, 101, 109ff, 115, 123ff
Kernöl – 90
Ketchup – 103, 114
Kettenkochen – 116ff
Kinderkaffee – 29
Kokos – 90
Kombucha – 30ff
Kompott – 53, 56ff, 130
Kuchen – 37, 46, 55, 83ff, 87, 90ff, 93, 123, 126, 128, 132

L
Lieblingsspeisen – 37, 40, 113ff, 116, 119
Limonade – 24ff, 27ff, 31, 95, 112, 127

M
Magnesium – 23, 28, 59, 74, 88
Maisgrieß – siehe Polenta
Mandeln – 73, 87, 89, 133
Margarine – 17, 68, 88ff, 90ff
Marmelade – 56ff, 108ff
Mikrowelle – 77
Milch u. Milchprodukte – 13ff, 21ff, 25ff, 28ff, 37, 39ff, 44, 55, 59ff, 72ff, 85, 89, 95ff, 105, 108ff, 117, 119, 123, 125ff, 129ff
Milchzucker – 59ff, 63, 68ff, 97, 129
Mineralwasser – 22ff, 69, 109, 112
Mohn – 37, 69, 91
Molke – 22, 30, 64ff, 68ff
Müsli – 33, 35, 39ff, 56ff, 64, 73, 75, 90, 108ff, 111, 123, 128ff

N
Nüsse – 13, 15, 35, 46ff, 69, 87ff, 123, 127, 131, 133

O
Obst – 14ff, 19, 24ff, 44, 46ff, 53ff, 71, 73, 108ff, 128ff
Öl – 13, 15, 17, 38, 46ff, 81, 87ff, 125ff

P
Perzentile – 123ff
Pilze – 45, 49ff
Pizza – 80, 112, 115
Polenta – 15, 34, 108, 112, 128
Pommes frites – 33, 40ff, 88, 112ff, 115, 124, 130
Probiotisch – 60, 67, 129

Q
Quark – siehe Topfen

R
Reis – 17, 33ff, 37ff, 40, 44, 112, 116, 128ff
Rohmilch – 60, 63ff, 69, 85
Rohrzucker – 97ff

S
Salmonellen – 51, 76ff, 83ff, 130, 132
Salz – 48, 59, 79, 101ff, 130
Sauerkraut – 48, 67, 129
Sauermilch – 22, 26, 39, 59ff, 64, 67ff, 123, 129
Schadstoffe – 38, 53ff, 75, 81
Schmelzkäse – 66
Schnitzel – 13, 41, 71ff, 80, 88, 112ff, 125
Schokolade – 44, 46, 62, 68, 87ff, 91, 93, 95, 124, 126ff, 133
Schwarztee – 25, 29, 31, 75, 127, 130
Selen – 90
Smoothies – 25, 31

Soja – 51, 69, 74, 103, 131, 133
Spaghetti – 33, 46, 113
Speck – 72, 87, 110
Spinat – 43, 49ff, 74ff
Sushi – 71, 80
Süßigkeiten – 17, 28, 35, 40, 56, 64, 68, 75, 93ff, 116, 126ff
Süßspeisen – 11, 13, 30, 37, 46, 57, 94, 128
Süßstoffe – 28, 99

T
Teigwaren – 15, 19, 33ff, 81, 83, 112, 119, 128, 130, 132
Tiefkühlgemüse – 48
Tiramisu – 30, 84, 94
Toast – 34ff, 66, 115, 128, 130
Topfen – 41, 55ff, 59ff, 64, 66, 75, 81, 109, 112, 114, 125ff, 130
Traubenzucker – 53ff, 96ff
Trockenobst – 56ff, 129

U
Übergewicht – 10, 15, 28, 44, 66, 88ff, 94, 99, 123ff

V
Vegetarisch – 69, 74ff
Vergiftungen – 28, 34, 44, 55, 77, 81, 84ff, 130, 132, 147
Vermeiden – 27, 81, 83ff, 91, 127, 132, 134
Verstopfung – 34ff, 57, 128ff
Vitamin A – 43, 47, 75ff, 87
Vitamin B – 33ff, 43, 59, 71, 74, 97, 99
Vitamin C – 24ff, 43, 47ff, 53, 71ff, 95, 101
Vitamin D – 59, 79, 87
Vitamin E – 53, 87, 90
Vitaminkonzentrate – 47
Vollkorn – 14, 18ff, 34ff, 71, 73, 93, 99, 109, 115ff, 126, 128ff

W
Wachstum – 10ff, 15, 59, 75, 79, 83, 87, 96, 101, 107, 123ff
Wurst – 13, 17, 41, 68, 71ff, 101, 109, 111, 115, 125

Z
Zink – 47, 59, 71, 75
Zucker – 24ff, 40, 53ff, 56ff, 59ff, 93ff, 103, 113ff, 126ff, 129
Zwischenmahlzeit – siehe Jause

BESUCHEN SIE MEINE KIDS-GALLERY!

Anmerkung der Autorin:

Auf der Suche nach dem besten Kinderfotografen in Wien?
Einem Profi für Aufnahmen sowohl im Studio als auch im Freien?

Die Autorin dieses Buches hat aus gutem Grund diese Wahl getroffen! Überzeugen Sie sich selbst von Karl Grabherrs Fähigkeiten als Fotograf von **Babys und Kleinkindern,** von seiner Vielseitigkeit und der Professionalität, mit der er ans Werk geht.

Seine Fertigkeiten reichen von interaktiven 3D-Panoramen über Architektur-, Werbe- & Industrie-Fotografie sowie Business-Portraits bis hin zu sehr **gefühlvollen Stimmungsbildern.** Weitere Informationen sowie eine Auswahl seiner Werke finden Sie unter:

Karl Grabherr
Fotografenmeister

Karl Grabherr PHOTOGRAPHY
Boltensterngasse 5/4, A-1220 Wien
Tel. & Fax: (+43 1) 774 20 63
Mobil: (+43 676) 915 01 32
E-Mail: studio@karlgrabherr.at

www.karlgrabherr.at

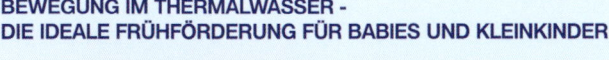

SONNENTHERME
LUTZMANNSBURG FRANKENAU

WIR SIND PERSÖNLICH FÜR SIE DA!

Manchmal gehen die Fragen, die über die Ernährung der Kinder auftauchen über das hinaus, was ein Ratgeber vermitteln kann. Um eine Plattform zu haben und Ihren Anfragen Raum zu geben haben wir im Jahr 1991 den Verein *„Informationskreis Kind und Ernährung"* ins Leben gerufen.

Informationskreis Kind und Ernährung (IKE)

Der Informationskreis Kind und Ernährung ist ein gemeinnütziger Verein, der sich eigenständig aus Mitgliedsbeiträgen finanziert. Er bietet Eltern und ElternberaterInnen wiss. fundierte, industrieunabhängige und praxisnahe Information zum Themenbereich „Ernährung von Mutter und Kind" an.

Seinen Mitgliedern bietet der Informationskreis Kind und Ernährung außerdem eine Hotline für Elternfragen an.

> **Eltern-Hotline**
> **für Mitglieder des IKE**
>
> *dienstags & donnerstags*
> *9.00 bis 11.00 Uhr*
> *(+43 1) 504 28 29-3*
>
> *Näheres unter:*
> *www.informationskreis.org*

Weiters bieten wir für Mitglieder kostenlos ein **Basispaket verschiedener Merkblätter** zu häufig gestellten Elternfragen an, z. B. über die Aufbewahrung von Muttermilch, Babywasser, fleischlose Ernährung und Blähungen. Außerdem können Mitglieder unsere anderen Merkblätter ermäßigt erwerben.
Einmal im Jahr erhalten Mitglieder **unser Mitteilungsblatt IKE-News** und auf Wunsch senden wir Ihnen auch gerne unseren Newsletter zu.

Um derzeit **€ 16,– pro Jahr** können Sie von all diesen Angeboten profitieren. Sollten Sie darüber hinaus bei Spezialfragen oder anderen Problemstellungen ein persönliches Gespräch benötigen, können Sie sich ebenfalls gerne an uns wenden.

Nähere Informationen zum Verein, einen Überblick über alle Merkblätter, sowie die **Beitrittserklärung** finden Sie unter: *www.informationskreis.org*

BABYS BEIKOST – SELBST GEKOCHT!

Unser Praxisbuch zum Kochen der Beikost gibt einfache Anleitung zur Zubereitung erster Babybreie und der Babymenüs **für den Familientisch. Der Beikostfahrplan mit Rezepten** unterstützt Sie beim stufenweisen Aufbau des Speiseplans vom **7. – 13. Monat** Mahlzeit für Mahlzeit.

- Welche Lebensmittel sind geeignet, welche sind zu meiden?

- Was ist beim Beikostbeginn und erstem Zufüttern zu beachten?

- Welche Breie oder Komponenten kann ich portioniert tieffrieren?

- Wie gelingt ein Aufbau der Beikost bei erhöhtem Allergierisiko?

- Ab welchem Monat sind Breie bzw. Familienkost geeignet?

In unserem Baby-Rezeptbuch erfahren Sie viele **wertvolle Tipps** zum Selberkochen und erhalten Hilfestellung bei der Zusammenstellung der ersten Breie.
Näheres unter: www.kinderkost.com

176 Seiten, 85 Abb. in Farbe,
5. Auflage 2008
€ 19,90(A) / € 19,40 (D) / CHF 34,60
(zzgl. Versandkosten)

1 x 1 FÜR MUTTER UND KIND!

Unser Ernährungsratgeber **„Essen & Trinken – Kinderwunsch, Schwangerschaft und Stillzeit"** spannt den Bogen von der Ernährung der Frau im Allgemeinen, über Maßnahmen bei Kinderwunsch, bis zu **Pluspunkten und Tabus** in Schwangerschaft und Stillzeit.

Sie erfahren hier Tricks bei morgendlicher Übelkeit und Sodbrennen, Geburtserleichterndes sowie Tipps bei **Babyblues und Blähungen** des Kindes.

136 Seiten, 4 Abb. in Farbe,
1. Auflage 2006
€ 16,50 / CHF 30,–
(zzgl. Versandkosten)

Der Klassiker zur Ernährung im 1. Lebensjahr bietet Ihnen wertvolle Hinweise zu **Stillen, Flaschennahrungen, Beikostbeginn** und zum Thema **Allergieprävention**

Darüber hinaus enthält er einen stufenweisen **Beikostplan mit am Markt befindlichen Gläschen** für Österreich, Deutschland und die Schweiz.

168 Seiten, 4 Abb. in Farbe,
5. Auflage 2007
€ 16,50 / CHF 30,–
(zzgl. Versandkosten)

Leseproben und Inhaltsverzeichnisse finden Sie auf: www.kinderkost.com

SO FÄLLT KOCHEN LEICHT!

Einfache, rasch zubereitbare Rezepte sind immer wieder gefragt. Vor allem als Kochneuling ist man mit unserem Buch **„Pfiffige Rezepte für kleine und große Leute"** gut bedient.

Kettenkochen und viele andere Zubereitungstipps, ein Wochenplan sowie ein Saisonkalender helfen weiter. Unsere schnellen **Familienrezepte** reichen von Altwiener Kartoffelsuppe bis Zimtknödel mit Apfelmus.

112 Seiten, 4 Abb. in Farbe,
3. Auflage 2006
€ 15,– / CHF 27,30
(zzgl. Versandkosten)

Zwischenmahlzeiten versinken oft im Einerlei. Wurst- oder Käsebrot bilden die einzige Abwechslung.
Daher haben wir **14 Varianten für die Pausenverpflegung sowie zahlreiche Rezepte** für Aufstriche, mitnehmbare Salate und geeignete Süßspeisen für Kindergarten und Schule ausgewählt.

112 Seiten, 4 Abb. in Farbe,
1. Auflage 2003
€ 15,– / CHF 27,30
(zzgl. Versandkosten)

Diese Ratgeber erhalten Sie bei Ihrem Buchhändler oder direkt beim Verlag I. Hanreich (Seite 143).
Näheres unter: www.kinderkost.com

Mag. Elisabeth Illnar

Mag. Elisabeth Illnar ist als Germanistin seit Anbeginn des Verlages 1994 Lektorin der Bücher. Ihr ist es zu verdanken, dass Sie weder *„den Rest von Apfelsaft nach 3 Tagen im Kühlschrank"* zu sich nehmen müssen, noch *„länger frisch bleiben, wenn Sie Karotten in feuchten Sand legen"*. Solchen lustigen und vielen anderen Hoppalas ist sie auf der Spur.

Als Mutter von zwei Kindern hat sie schon viele praktische Anregungen gegeben.

Gabriele Macho

Gabriele Macho war Lektorin dieses Buches und hat an der Auswahl des neuen Layouts mitgearbeitet. Sie ist die Seele des Verlages, dessen Vertrieb sie in Österreich leitet. Viele Anregungen zur Erweiterung der 4. Auflage stammen von ihr.

Als zweifache Mutter verfügt sie über viele praktische Erfahrungen.

Mag. Ingeborg Hanreich hat 1991 das Studium der Ernährungswissenschaften an der Universität Wien abgeschlossen. Sie ist seit 2003 Stillberaterin IBCLC. Als freiberuflich tätige Expertin widmet sie sich vor allem dem Bereich „Ernährung von Mutter und Kind". Sie hält Seminare und Vorträge für Eltern, ElternberaterInnen, Hebammen, Säuglingsschwestern und ApothekerInnen.

Mag. Hanreich war Gründungspräsidentin des Verbandes der Ernährungswissenschafter Österreichs und ist seit 1995 Vorstandsmitglied des *Informationskreises Kind und Ernährung"* (IKE). Seit 2008 ist sie Lektorin an der Fachhochschule für Hebammen in Wien, Krems und Salzburg.

Im Jahr 1994 gründete sie den Verlag I. Hanreich und publizierte bislang folgende Werke:

Mag. Ingeborg Hanreich, IBCLC
Ernährungswissenschafterin und Stillberaterin

- Essen & Trinken – Kinderwunsch, Schwangerschaft und Stillzeit

- Essen & Trinken im Säuglingsalter

- Rezepte & Tipps für Babys Beikost

- Essen & Trinken im Kleinkindalter

- Pfiffige Rezepte für kleine und große Leute

- Coole Rezepte für Jausen, Pausen und Feste

Als Coautorin hat sie im Stocker Verlag *„Joghurt, Käse, Rahm & Co"* und im Naturamed Verlag *„Ernährung und Gesundheit – Von anderen Kulturen essen lernen"* herausgebracht.

Ihr Credo:
„Das Feedback von Eltern an unserer Hotline und in Seminaren sowie Anregungen unserer Leserinnen zeigen uns immer, was gerade die Herzen bewegt. Unsere Bücher werden daher oft aktualisiert, um darauf einzugehen."

Liebe Leserinnen und Leser!

Wir freuen uns sehr, wenn wir Ihnen mit unserem Ernährungsleitfaden für Kleinkinder weiterhelfen konnten.
Verständnisfragen können Sie gerne direkt an den Verlag richten:

Verlag I. Hanreich
Esterhazygasse 7/2
A-1060 Wien
Tel.: (+43 1) 504 28 29-1
Fax: (+43 1) 504 28 29-4
E-mail: verlag@kinderkost.com
Internet: www.kinderkost.com

Fragen, die die individuelle Situation Ihres Kindes betreffen, beantworten wir gerne am Hotlinetelefon des IKE (Näheres Seite 154).

Anregungen und Kritik Ihrerseits sind uns ebenfalls gerne willkommen, denn dieses Buch ist schon dank mancher Rückmeldung verbessert und erweitert worden.

Deshalb zögern Sie nicht – rufen Sie an, mailen oder schreiben Sie uns!